OS 12 SEGREDOS de *JESUS*

Os 12 segredos de Jesus

1ª edição: Janeiro 2025

Autores:
Jamil Albuquerque
Robson Rodovalho

Preparação:
Flavia Araújo

Revisão:
Paola Sabbag Caputo
Patrícia Alves Santana

Projeto gráfico e capa:
Jéssica Wendy

DADOS INTERNACIONAIS DE CATALOGAÇÃO NA PUBLICAÇÃO (CIP)

Albuquerque, Jamil
Os 12 segredos de Jesus : como ser líder de si mesmo, capitão do seu destino, comandante da sua alma, e inspirar pessoas a exemplo do maior mestre da humanidade / Jamil Albuquerque, Robson Rodovalho.
— Porto Alegre : Citadel, 2024.
128 p.

ISBN: 978-65-5047-563-5

1. Autoajuda 2. Espiritualidade 3. Jesus Cristo I. Título
II. Rodovalho, Robson

24-5450 CDD - 158.1

Angélica Ilacqua - Bibliotecária - CRB-8/7057

Produção editorial e distribuição:

CITADEL Grupo Editorial
contato@citadel.com.br
www.citadel.com.br

Jamil Albuquerque & Robson Rodovalho

OS 12 SEGREDOS de JESUS

COMO SER LÍDER DE SI MESMO, CAPITÃO DO SEU DESTINO, COMANDANTE DA SUA ALMA, E INSPIRAR PESSOAS A EXEMPLO DO MAIOR MESTRE DA HUMANIDADE

CITADEL
Grupo Editorial

2025

Nós não somos iluminados para aprendermos tudo isso sozinhos. Em termos humanos, nossa autoridade vem de uma linhagem de gigantes pesquisadores, eruditos, que por milhares de anos viveram, registraram e transmitiram, com muita paciência, persistência, perseverança, todos estes ensinamentos, esta tradição organizada através de um método. Somos produtos de nossas assembleias de vozes.

Em termos espirituais, muita oração, muita pesquisa e orientação do Espírito Santo, como se fôssemos repórteres de uma Fonte Maior, para empurrar a raça humana, nem que seja um centímetro, no seu longo caminho de volta a Deus.

Jamil Albuquerque e Robson Rodovalho

Sumário

Jesus e seus *mistérios*

No início da civilização terrena, a expulsão do Jardim do Éden marcou a desconexão entre a humanidade e o Deus criador. Para que a reconciliação fosse possível (ela é o principal propósito do cristianismo), era necessário um mediador eficaz. Dessa tarefa, foi encarregado Jesus de Nazaré.

Naquela época, vinte séculos atrás, o planeta estava denso e embrutecido ao extremo. Foi necessário enviar à Terra um salvador que fundasse e organizasse um sistema educacional permanente de orientação, instrução, sobre ética, normas do bem viver, solidariedade e virtudes elevadas da alma, que abrangesse o mundo inteiro.

Embora seja verdade que a missão de Jesus terminou cedo aqui na Terra, quando Ele atingia a flor da vida, e que Seus perseguidores e executores fizeram o possível para destruir o conhecimento e o poder trazidos à humanidade, a verdade e os elementos do miraculoso poder que Ele transmitiu chegaram até nós, atravessando os séculos, e têm servido como meios de redenção gradual do homem.

Se não fosse o cuidado com a transmissão desse conhecimento, sua organização, com cada pessoa transformada em guardiã dos mistérios, a Grande Luz que veio à Terra nos primeiros trinta anos da Era Cristã teria se apagado no momento da ascensão de Jesus. Hoje, os ensinamentos e as práticas que Ele tornou reais e universalmente aplicáveis às necessidades do homem teriam sido perdidos, a humanidade teria regredido aos erros do passado, e o mundo não veria nem sequer um desmaiado brilho daquela Grande Luz.

A história das primeiras atividades da igreja cristã mostra que, embora a população fosse composta por um grande círculo de devotos e estudiosos dos ensinamentos cristãos, ela recebia apenas uma forma velada e cuidadosamente moderada dos princípios cristãos. Já num círculo interior fechado, um limitado número de candidatos era conduzido passo a passo, por meio dos grandes mistérios e ensinamentos, a um grau de desenvolvimento e desabrochar que os preparava para continuar o trabalho que Jesus havia iniciado e transmitido a

Seus discípulos. Esses grandes mistérios e ensinamentos serão apresentados aqui.

O fato de o conhecimento ter sido velado, justamente para protegê-lo e mantê-lo vivo com o passar dos séculos, fica nítido numa passagem do Livro de Lucas, capítulo 8, versículo 10: "A vocês, Deus mostra os segredos do seu reino, mas aos outros tudo é ensinado por meio de parábolas, para que olhem e não enxerguem e para que escutem e não entendam". Precisamos lembrar que a Bíblia foi escrita de forma simples e profunda ao mesmo tempo. Simples para que qualquer pessoa pudesse ler sem sofrer demais para compreender e profunda para que verdadeiros buscadores pudessem ler não somente as palavras escritas, mas também o silêncio entre as frases. É nesse silêncio que se encontram as chaves secretas, as chaves do Céu, o caminho para a vida eterna. É disso que falaremos neste livro.

Os discípulos de Jesus e os guardiões dos ensinamentos sabiam que estavam sendo instruídos em mistérios secretos e doutrinas novas. No Novo Testamento, temos: "Falamos da sabedoria de Deus, oculta em mistérios"; "E somos os fiéis depositários dos mistérios de Deus. Fomos instruídos em todos os mistérios"; "Revelamos os mistérios ocultos no silêncio, desde a noite dos tempos"; "Preservando em pureza o mistério da fé". Essas passagens, entre outras de teor semelhante, podem ser encontradas nos seguintes textos: Mateus 13:11; Marcos 4:11; Lucas 8:10, 23:10; Romanos 11:25, 16:25; I Coríntios 2:7; 4:1; 13:2; 14:2; 15:51; Efésios 1:9, 3:4, 3:9, 5:16; Apocalipse 1:20, 10:7, 17:5, 17:7.

Não nos deteremos, nesta obra, na educação e no treinamento anteriores ao ministério público de Jesus, que certamente Lhe devem ter sido administrados para torná-Lo tão brilhante intelectualmente (aos doze anos, por exemplo, causou espanto aos anciãos do Templo de Seu país). Tampouco nos referiremos à educação terrena e espiritual superior que Lhe foi dada na juventude, no início de Sua missão, capacitando-o a usar analogias, alegorias e metáforas relativas a assuntos pessoais, ocupações, interesses, desejos, esperanças, provas e tribulações, de maneira a se comunicar com pessoas de diversas nações, profissões e posições sociais. Aquele jovem, nascido no lar de um carpinteiro de condição social muito modesta, não poderia ter adquirido todo o Seu conhecimento nas primitivas escolas de Sua própria terra e não foi mandado a um país distante a fim de frequentar uma escola particular, pela simples falta de recursos. A preparação que Ele recebeu como menino, depois como rapaz, é resultado de visões e mensagens inspiradoras vindas a Ele por meio da consciência de Deus, pois seu desenvolvimento, treinamento e educação foram de natureza dual, ou seja, terrena e divina.

Ele conhecia os hábitos e costumes, os artifícios, as crenças hipócritas, as tentações mundanas e as fraquezas humanas. Também possuía conhecimento ilimitado de leis espirituais e divinas e de grandes verdades universais que não poderia ter aprendido a não ser colocando-Se total e harmoniosamente com Deus, Seu Pai, que Lhe ordenara que deixasse o Reino dos Céus e fosse ao reino da Terra, para transformá-la em local de paz, como o Reino dos Céus na Terra.

Neste livro, nós nos deteremos nos doze segredos que esse Mestre dos mestres nos legou. Por meio da revelação e da prática desses mistérios, o leitor terá as chaves para uma maior compreensão da vida, o segredo dos poderosos e o domínio das partes daquilo que é visto mas não é percebido. Caminhará em direção ao crescimento espiritual e à existência plena, aplicada de forma simples, mas não simplista nem simplória; simples, porque o simples é o caminho mais curto para o fundamental.

Vamos para a jornada!

– Robson Rodovalho

Navegadores no oceano da vida

O teólogo germânico Karl Rahner (1904-1984) disse uma frase muito oportuna: "O cristão do século 21 ou será místico, ou não será cristão". Entenda-se por místico o buscador das verdades maiores e não de fenômenos psicológicos raros; um buscador de uma experiência com Deus autêntica, que brota do interior da existência.

Era inverno de 2010. Eu exercia, na época, o cargo de Secretário de Governo de Ribeirão Preto, em São Paulo, vigésima sétima economia do Brasil e matriz de uma região com mais de seis milhões de habitantes. Principiava o mês de junho, o céu cinzento anunciava o inverno, e entrou na minha sala o Superintendente do Instituto da Previdência municipal, Luiz Antônio da Silva.

Para minha surpresa, não era para mais uma das nossas desgastantes reuniões sobre como evitar o esgarçamento da previdência municipal. Era um convite para uma palestra com jantar. Ele me disse: "Jamil, o bispo Rodovalho vai falar sobre física quântica".

Pensei imediatamente: "Isso é inusitado! Sacerdócio cristão e física quântica?". Eu já vinha me dedicando a uma pesquisa sobre o assunto, mas não a ponto de compreendê-lo em sua amplitude, então o tema me interessava. O que mais me chamou a atenção foi o fato de um sacerdote cristão da magnitude do bispo Rodovalho, fundador da igreja Sara Nossa Terra, com mais de 1.300 igrejas sob seu comando, presente em 28 países, falar sobre um conteúdo tão complexo e paradoxal.

A maioria dos sacerdotes cristãos não gosta de falar sobre ciência, pois teme, secretamente, que isso possa afastar os fiéis. A palestra foi muito acima da média. Usando os quatro discursos de Aristóteles, ele tergiversou sobre a Bíblia, a ciência e os milagres, de forma poética, retórica, científica e dialética, que nos encantou de forma sobrenatural.

Naquela noite, sentamos à mesma mesa e, como navegadores do oceano da vida que se encontram no escafandro da carne, sentimos que tínhamos algo em comum que nos unia e orientava, além da fé em Jesus Cristo, e uma enorme vontade de falar dessa verdade aos quatro cantos dessa ilha azul do Universo chamada planeta Terra.

Começamos a nos encontrar todas as vezes em que ele ia a Ribeirão Preto. Tomávamos cafés da manhã que se transformavam em verdadeiros encontros filosóficos. O teólogo Cleber Caetano, sempre presente, comentava que as frases do bispo eram sínteses que valiam por uma tese, pois traziam ensinamentos profundos.

De nossas conversas, começou a nascer a vontade de sintetizar algumas doutrinas bíblicas profundas. A ideia seria contemplar pessoas que gostam da leitura bíblica, mas que, às vezes, são tão atarefadas que não conseguem se aprofundar nos estudos, ou mesmo os leitores menos atentos que não chegam ao âmago das mensagens. Seria uma forma de ajudar todos a compreender mais amplamente os mistérios e os ensinamentos de Jesus, sobretudo as mensagens veladas, aquilo que só foi passado abertamente aos iniciados.

Quiseram o destino tortuoso dos peregrinos e os compromissos venturosos da liderança que o bispo Robson

Rodovalho e eu nos encontrássemos na capital paulista, quando selamos o compromisso de construir esta obra.

Neste livro, que é a síntese de mais de dez anos de pesquisas, falaremos das chaves secretas da Bíblia Sagrada. Estamos certos de que muitos cristãos ficarão surpresos com a tese de que Jesus ensinou princípios divinos secretamente. Alguns fatos importantes da vida d'Ele e da criação inicial das doutrinas e práticas cristãs passaram despercebidos até por teólogos renomados e estudiosos criteriosos do cristianismo. Isso não aconteceu à toa. A missão de Jesus colocava em xeque princípios políticos, sociais e religiosos do mundo inteiro e, por isso, representava perigo ao *status quo* da época. Para Ele conseguir colocar a pedra da sua Igreja no círculo correto da evolução humana, precisava proteger seus ensinamentos como um diamante incrustado na pedra bruta. Se não fosse assim, talvez não conseguisse entregar seu conhecimento de forma tão grandiosa. Talvez o mundo não acreditasse n'Ele e tudo seria perdido.

A palavra "segredo" – não à toa – origina-se de "sagrado". Assim, segundo a raiz da palavra e de seu significado mais profundo, aquilo que é secreto tem o poder de conduzir para a eternidade. Há ainda outra correlação interessante: não se entrega de qualquer maneira, nem para qualquer pessoa, um segredo. O que é secreto, portanto, só deve ser entregue aos merecedores e de forma litúrgica, ou seja, com adoração.

Os grandes mistérios bíblicos não são para mentes apenas curiosas, para tolos, despreparados ou imaturos. São para buscadores sinceros que aceitam Jesus como seu Salvador. Uma mente apenas culta e arrogante não perceberá a grandeza de Sua obra monumental. Além disso, era necessário que as mensagens do Mestre fossem manejadas de forma organizada, para o bem da humanidade e do cristianismo.

Mesmo entre os que foram cuidadosamente testados, preparados e qualificados para espalhar as mensagens de Jesus, alguns tornaram-se céticos, outros procuraram utilizar o conhecimento e o poder para objetivos egoístas, outros ainda se tornaram espiões, inimigos e traidores da causa. A mensagem de Jesus era tão poderosa que, mesmo envolvida em sigilo, não impediu que Ele fosse perseguido e executado.

A missão predestinada do nascimento de Jesus, o maior dos mestres da humanidade, bem como sua preparação terrena, avisada por anjos, citada por profecias, ocorreram dentro de um ciclo específico da evolução humana. O período histórico, o lugar e as circunstâncias foram escolhidos para que o máximo de benefícios fosse produzido.

Somos apenas os porta-vozes de uma fonte, de um corpo, de um conjunto de sabedoria com mais de doze mil anos de registro ético, que é a Bíblia Sagrada. Ela é composta por 66 livros que fazem dela o repositório de toda verdade humana, de toda sabedoria do grande Criador do Céu e da Terra.

Os mistérios de Jesus, vale lembrar, são embasados pela Bíblia e também por registros históricos. Dos evangelistas, estiveram com Ele Mateus e João. Marcos e Lucas não conheceram Jesus pessoalmente. Marcos recebeu as anotações de Pedro em Roma; ele e Lucas escreveram para a mentalidade romana. Lucas foi discípulo de Paulo e ouviu as narrações dele e de Maria, mãe de Jesus. Essas quatro narrativas, mais os Atos dos Apóstolos e as cartas somam 27 pequenos livros que narram o tempo público do Mestre. Nesta obra, nós nos concentraremos sobretudo no Novo Testamento, nos registros romanos e também nas traduções orais sobre a atuação de Jesus como líder.

O objetivo é que o leitor internalize e aplique os conhecimentos secretos de Jesus em sua vida prática. São valores e normas morais, verdades teológicas e filosóficas preciosas para quem quer se alinhar aos valores espirituais. Caro buscador, que você possa fazer de Os *12 segredos de Jesus* um parâmetro de conduta em sua vida.

Jamil Albuquerque

Os 12 segredos de Jesus

Não é à toa que são doze meses do ano, doze discípulos, doze candelabros do templo que Salomão construiu em honra a Deus e doze territórios descritos na Bíblia. São também doze as tribos de Israel que herdaram os doze territórios. São doze horas do dia e doze horas da noite, doze signos do zodíaco que definem padrões de personalidades, baseados nos doze meses do ano e nas doze formações das estrelas no firmamento.

Também não é sem propósito que Jesus só apareceu publicamente aos doze anos. Foi quando sua idade permitiu, conforme os costumes da época, que entrasse no Templo Sagrado. Com sua família, ele foi à capital de seu país, Jerusalém, nas festas da Páscoa judaica. Durante a festividade, rumava para a cidade uma multidão de, segundo historiadores, mais de meio milhão de pessoas.

Jesus se perdeu e foi encontrado no templo, falando em público e surpreendendo os eruditos do Sinédrio, os doutores da lei. Seria como um menino de doze anos falando, hoje em dia, aos ministros do Supremo Tribunal Federal de nosso país. Há outro detalhe interessante: a palavra "capital" quer dizer cabeça. Aos doze anos, Jesus foi à "cabeça", ou seja, ao centro de comando de sua nação. Esse evento, importante na vida de Jesus, reforça ainda mais o profundo simbolismo ligado ao número 12.

A palavra "doze" vem de uma língua muito antiga, chamada caldeu, um idioma pré-aramaico e pré-hebraico. O caldeu era uma língua falada em haicai, uma forma de escrita que valoriza a concisão e a objetividade, muito utilizada na Ásia ainda hoje. Os ideogramas japoneses e chineses, símbolos que possuem significados, foram criados segundo o conceito do haicai de dizer muito com pouco.

"Doze" vem da palavra *dodeka,* que, em haicai, é uma frase inteira. Com o passar dos séculos, chegou a nós como doze. Se estudarmos a palavra *dodeka,* veremos que "do" significa mente; "de", sabedoria; "ka", governo", ou seja: a mente que governa com sabedoria. Logo, o número 12 possui um profundo simbolismo relacionado à compreensão da vida.

O primeiro ser humano do mundo foi o homem: número 1. O segundo ser humano foi a mulher: número 2. Ou seja, a partir do 1-2 tem-se o 3, pois o 1 e o 2 geram o filho, que é o número 3 (outro algarismo muito simbólico). Jesus teve três anos de vida pública na Terra. Ele morreu aos 33 anos, e 33 é o número de vértebras da coluna do ser humano. Havia três cruzes no calvário e, três dias depois da Crucificação, Jesus ressuscitou. São três as partes da Santíssima Trindade (o Pai, o Filho e o Espírito Santo) e três as dimensões do planeta (largura, altura e profundidade). São três as partes do corpo (cabeça, corpo e membros). O três, derivado do doze, fornece uma base estrutural tanto para a vida humana quanto para a vida espiritual.

Os segredos revelados neste livro possuem profunda conexão com esses números e sua simbologia. Por fim, lembramos que o número 12 representa o final de um ciclo e o início de outro, ou seja, uma jornada de transformação. É um número que representa comando e governo. Não é sem propósito que um dos livros da Bíblia é chamado "Números". Esperamos que esse conhecimento dos 12 segredos de Jesus seja um despertar de encontro ao Mestre e a Deus, uma caminhada de encontro ao que cada um tem de melhor dentro de si. Pois, segundo a máxima newtoniana, não existem escolhidos, existem pessoas despertas.

Primeiro segredo 1

A Bíblia Sagrada refere-se a Deus de muitas formas. Segundo pesquisadores, são mais de setenta títulos por meio dos quais Ele se dá a conhecer ao ser humano. No entanto, um deles é extremamente especial e, para entender o porquê, precisamos ir até o Livro do Êxodo, capítulo 3.

Aconteceu assim: Moisés estava no deserto, e uma sarça, um arbusto quase árvore adulta, da família das acácias, começou a pegar fogo. Pegava fogo, mas não queimava, então Moisés a ouviu falar: "Vá ao rei do Egito, a quem chamam de Faraó, e diga que ele deve libertar o meu povo". Moisés respondeu: "Mas eu não tenho exército, e quem não tem exército não dá ordem a um rei". A voz falou: "Vá e diga que seu Deus mandou soltar, libertar o povo". O Egito, naquela época, era a maior potência do planeta e o faraó tinha dois milhões de hebreus (o povo de Moisés) como seus escravos. Por qual razão um rei poderoso aceitaria libertá-los? Apenas porque um homem rústico do deserto, vestido com uma capa de couro de lobo, disse-lhe que deveria fazê-lo? Moisés argumentou: “Se eu chegar lá e disser que o meu Deus mandou-o libertar, ele dirá: ‘Você não tem exército, e deuses eu tenho muitos’”. Então, a voz no fogo disse: “Vá e diga ao Faraó que o Eu Sou mandou libertar”. O restante da história todos nós conhecemos: uma multidão de dois milhões de seres humanos atravessou o deserto. Quando Moisés chegou em frente ao Mar Vermelho e viu aquela muralha de água, conta a história que ele abriu os braços, falou todos os 72 títulos de Deus e, ao terminar, o mar se abriu. Ele invocou “Eu Sou”.

Quando Jesus reuniu Seus aprendizes, iniciando as primeiras preleções àqueles homens honrados, Seu intuito era de que eles O ajudassem a sustentar e estabelecer as bases dos pilares de um novo tempo. Disse a eles: “Eu Sou o Caminho, a Verdade e a Vida”. Note que quando Jesus diz “Eu Sou”, Ele refere-se não apenas àquilo que é, mas também ao nome de Deus. Depois, cita a palavra “caminho”; o cristianismo, naquela época, era conhecido como a igreja do caminho. Mas caminho para quê?

Muitos traduzem a palavra "religião" como religar; no entanto, seu significado mais amplo vai além de religar: quer dizer relacionar-se (com Deus). O caminho que Jesus propôs foi o de relacionar-se com Deus, tendo Ele, o filho, como caminho. O que seria relacionar-se com Deus? Como relacionar-se com Ele? Esta é a chave para o primeiro mistério.

Por que invocar "Eu Sou" e outros títulos de Deus pode ter ajudado Moisés a abrir o Mar Vermelho? Por que Jesus utiliza o "Eu Sou" em um de suas frases mais célebres? Existem duas respostas para essas perguntas. Primeiro, precisamos compreender que o "Eu Sou" é uma concessão que Deus faz a nós, criaturas mortais, para que possamos ter algum entendimento do que Ele é. O "Eu Sou" existia antes de tudo existir, coloca o verbo "ser" antes de qualquer outro verbo, pois "Eu Sou" é a causa primeira de todas as coisas.

É muito difícil compreender o que Deus é em toda a sua infinitude. Temos a necessidade irresistível de criar conceitos finitos de Deus, que caibam em nosso entendimento. Nossa forma de pensar e nosso conhecimento são limitados, muitas vezes, pelo fato de entendermos a existência segundo os parâmetros do tempo e do espaço (dimensões a que estamos acostumados).

Como compreender então as existências eternas, as realidades e as relações sem começo nem fim, em dimensões diferentes das nossas, com outras regras? O "Eu Sou" traz uma interpretação plausível e possível do que é Deus, e só conseguimos nos relacionar com aquilo que entendemos de alguma forma, correto? No entanto, "Eu Sou" não é especial apenas por isso.

Ao invocar "Eu Sou", Moisés invocou a causa que vem a ser, invocou a partícula de Deus que existia em si mesmo. A partir do momento em que alguém se relaciona com Deus por meio do "Eu Sou" é como se acessasse a força criadora, a genética divina que não reconhece limites ou o impossível. O Salmo 82:6 diz: "Vós sois deuses, e todos vós filhos do Altíssimo". Sim, você leu corretamente: a essência divina está dentro de nós. Ela é uma ferramenta poderosa para nos relacionarmos com Ele. Ao falar Eu Sou, você traz Deus para a sua vida no nível pessoal e este é o primeiro segredo de Jesus, o primeiro passo para a transformação.

Quando dizemos "Eu Sou", nós nos relacionamos com Deus e também com a centelha divina que existe em nós. Acessamos Deus em nós e, assim, entramos em contato com Ele. Eu Sou também é a chave para nos alinharmos com o potencial criador. Estas duas palavras possuem o poder de criar a realidade, logo, é preciso extremo cuidado com o que se diz após elas, pois Eu Sou tem a capacidade de construir, de projetar vontades.

Primeira lição

Pegue seu caderno de anotações e preencha essa lição de forma disciplinada.

1. Deus é aquilo que você quer que Ele seja em sua vida. Se você declara "Eu Sou realizador", você está dizendo "Deus é realizador". Se você declara "Eu Sou feliz", você está dizendo "Deus é feliz". Daqui para a frente, nunca mais coloque algo negativo após as palavras "Eu Sou". Isso seria blasfêmia contra Deus, uma afronta ao Criador. O "Eu Sou" é como um cheque em branco para você. Como você vai preencher esse cheque?
2. Quando você coloca intenção em algo – seja numa frase, seja numa ação –, ativa aquilo que quer. Tudo que ganha atenção ganha poder. Se você reverenciar (der atenção), a reverência fará a ativação, que dará a permissão, que, por sua vez, permitirá que você transforme o mundo material. Quais são as suas intenções atrás de suas declarações?

3. Em Mateus 21:22, é dito: "E tudo o que pedirdes em oração, se crerdes, recebereis". Esse é o exercício da fé. Como você pode exercitar isso em sua vida?
4. Qual a tua lista pessoal de declarações após as palavras EU SOU?
5. A seguir, você verá doze declarações que, ditas em voz alta, irão se transformar em decreto sobre a sua vida. Você deve lê-las todos os dias, pela manhã e à noite, e falar em voz alta. Tenha clareza em suas vontades e pensamentos, assim você terá força para conseguir transformar sua realidade.

1. Eu Sou o caminho, a verdade e a vida.

2. Eu Sou a ressurreição e a vida.

3. Eu Sou a luz do mundo; o que me segue
não anda nas trevas, terá a luz da vida.

4. Eu Sou a porta aberta que homem algum pode fechar.

5. Eu Sou a grande prosperidade de Deus feita
visível para meu uso correto, agora e sempre.

6. Eu Sou a saúde perfeita.

7. Presença Eu Sou, que X seja governado harmoniosamente (especifique em X a situação ou o problema que você quer que seja resolvido).

8. Eu Sou o criador de todas as coisas.

9. Eu Sou a prosperidade em todas as áreas de minha vida.

10. Eu Sou a poderosa chama consumidora que agora e para sempre consome todos os erros passados e presentes, suas causas e efeitos, e toda criação indesejável que eu criei por ignorância.

11. Eu Sou a porta aberta da grande prosperidade de Deus, aguardando o momento de curar, abençoar e fazer prosperar abundantemente.

12. Eu Sou a liberdade em todas as áreas da minha vida.

Segundo segredo 2

A simbologia sempre esteve presente, não só na forma como Jesus passava Seus ensinamentos, mas também no jeito como se relacionava com os discípulos. Quando Pedro e João perguntaram ao Mestre onde aconteceria a reunião secreta (a que não sabiam, mas tratava-se da última antes da Crucificação), Jesus não deu um endereço específico. Esta passagem, aliás, é relatada em Lucas 22:9 e também nos outros evangelhos. Jesus disse que eles deveriam entrar na cidade de Jerusalém de um em um ou de dois em dois e descer a rua principal, procurando por um homem carregando uma jarra de água.

Quando esse homem se aproximasse, eles deveriam segui-lo até o local da reunião.

De acordo com outros textos, os discípulos deveriam procurar um homem que estivesse ou com o pé esquerdo descalço, ou que a roupa deixasse ver a perna e o joelho esquerdos, ou ainda que o lado esquerdo do peito estivesse à mostra. Esses gestos possuíam um significado muito particular: o pé esquerdo descalço simbolizava o coração tocando a terra; a perna e o joelho esquerdos, a abertura para esta proposta de vida; o lado esquerdo do peito desnudo como o coração como norte em vez da espada. Esses gestos – além de unificarem uma nova forma de ser e agir – eram úteis para que membros do mesmo grupo se reconhecessem e se protegessem. O ritual também era utilizado para que se desenvolvesse o senso de pertencimento ao grupo.

Os gestos são, desde os primórdios da humanidade, ferramentas ritualísticas profundas, assim como o uso de determinadas palavras. Quando Jesus se reunia com os discípulos, para falar de Seus planos para implantar a instauração do reino de Deus na Terra, eles primeiramente se cumprimentavam com a palavra PAZ. Este é o segundo segredo de Jesus, pois paz significa "encontre o centro de si mesmo".

"Por que encontrar o centro de si mesmo pode ser tão importante?", talvez você se pergunte. A resposta é uma só: quando encontramos o centro de nós mesmos, nós nos conectamos com Deus. Enquanto estamos raivosos, preocupados, ansiosos, envolvidos nessas emoções ruins tão comuns à vida, estamos distantes do Criador. A paz interior, a serenidade, a capacidade de desfrutar e de estabelecer conexões verdadeiras e profundas são como um cordão umbilical que nos liga com o alto.

Encontrar o centro de si mesmo não tem a ver com entender quem se é de acordo com seus próprios traços da personalidade, não é chegar à conclusão de que se é perfeccionista ou generoso, por exemplo. Essas são apenas características pessoais e nada têm a ver com o centro de si mesmo. Este centro é um estado de espírito: sereno, perene e inabalável. Quando você é capaz de se conectar com o amor e a compaixão e reforça a benevolência em sua própria vida, está no caminho correto para encontrar o centro de si mesmo e, consequentemente, Deus. Jesus disse certa feita: "Os verdadeiros adoradores de Deus o adorarão em seus corações e não em templos feitos pelas mãos dos homens".

Daqui para a frente, sempre que alguém o saudar com a paz de Cristo, lembre-se de que essa é uma mensagem para que você encontre o centro de si mesmo por meio de Jesus. Da mesma forma, quando responder "paz de Cristo" para essa pessoa, você dará um comando e expressará seu desejo de que ela encontre seu centro e seja inteira e plena por meio do Mestre.

Segunda lição

Pegue seu caderno de anotações e preencha essa lição de forma disciplinada.

Encontrar o centro de si mesmo não é uma tarefa fácil, mas uma busca para toda a vida. Não é possível fornecer um manual para que você chegue lá, mas a conduta e os ensinamentos de Jesus Cristo são balizas para alcançar o desenvolvimento e a paz espiritual. As palavras que você usa em sua vida também são chaves para o caminho, tente refletir sobre elas.

1. Quais são as palavras-chave que o conectam aos seus valores?
2. Como você e as pessoas do seu convívio se reconhecem?
3. Reconhecer o simbolismo na vida cotidiana é um passo interessante para tomar consciência dos sentimentos e valores que movem suas próprias ações e as da comunidade na qual você se insere.
4. Quais são as saudações que você mais usa?
5. Como você se sente agora sabendo do impacto positive ou negativo das saudações em sua vida ?

Terceiro segredo 3

Desde tempos imemoriais, a humanidade tem profundo respeito pelas montanhas. Estar no alto da montanha significa estar mais perto do paraíso, e essa expectativa traz esperança de dias melhores.

Quando Jesus subiu o monte Hermon – na célebre passagem da Transfiguração –, Ele desejava que Seus discípulos recebessem uma revelação muito importante. Levou Pedro, Tiago e João, que costumavam acompanhá-Lo nas vigílias especiais.

A subida prepararia o Mestre para vivenciar as cenas finais de Sua missão na Terra. Naquele dia, Jesus podia ter desistido e retornado ao céu; entretanto, consciente de sua filiação à ordem divina, escolheu cumprir Sua missão e a vontade de Seu Pai.

Quando compartilhavam a refeição, lá no alto da montanha, Pedro perguntou ao Mestre: “Quanto tempo permaneceremos nestas montanhas, longe dos nossos irmãos?". Jesus respondeu: "Até que tenhais visto a glória do filho do Homem e saibais que tudo o que declarei é uma verdade que não pode ser contestada". Conversaram então sobre a rebelião de Lúcifer, assentados em volta do fogo que haviam acendido, até que a escuridão total chegasse e eles principiassem a dormir.

No meio do sono profundo, os discípulos foram despertados por um som agudo. Ao olharem em volta, para seu espanto, viram Jesus em conversa íntima com dois seres brilhantes revestidos por um manto de luz. O rosto e o corpo do Mestre resplandeciam. Os três falavam uma língua estranha, mas, de alguma forma, os discípulos compreendiam. Pedro, Tiago e João nunca souberam como era a aparência de Moisés e Elias, pois estes haviam vivido milhares de anos antes, em uma época em que não existiam pinturas nem fotografias que tivessem registrado sua fisionomia. Ainda assim, os discípulos souberam, ao ver os dois seres celestiais conversando com Jesus, que se tratava deles. Moisés e Elias estavam fazendo os ajustes da consolidação final da missão de Jesus na terra. A pedido de Jesus, controladores físicos haviam providenciado recursos para que os discípulos pudessem testemunhar a cena monumental sem sofrer um abalo físico que comprometesse seu entendimento. Ainda assim, os três ficaram tão terrivelmente amedrontados que levaram algum tempo para se refazer.

Pedro foi o primeiro a se recompor e disse, à medida que a visão deslumbrante desaparecia diante deles: "Mestre, é para nós muito penoso voltar ao mundo inglório. Se quiseres, nós moraremos aqui e erigiremos três tendas. Uma para Ti, uma para Moisés e uma para Elias". Enquanto falava isso, uma nuvem prateada aproximou--se deles e envolveu os quatros homens. Os discípulos ficaram ainda mais amedrontados, caíram com o rosto no chão e ouviram uma voz poderosa dizendo: "Este é o meu filho amado, dai ouvidos a Ele".

Quando a nuvem desapareceu de novo, Jesus estava em pé ao lado dos discípulos. Então, tocou-os suavemente e disse: "Levantem-se e não tenham medo. Verão coisas ainda maiores que estas". Durante mais da metade da descida, nada foi dito até que Jesus falou: "Não comentem nada sobre o que houve nesta montanha, nem mesmo com os seus irmãos, até que se complete a minha missão na terra".

Depois da experiência da Transfiguração, Pedro, Tiago e João expandiram suas mentes. Eles puderam compreender e vivenciar, por meio do contato com os seres celestiais e o Pai, o poder da luz. Estar no alto da montanha foi, de certa forma, estar próximo do paraíso. Depois de uma experiência como essa, suas mentes passaram a vibrar em uníssono em torno do mesmo objetivo: levar a missão de Jesus e do cristianismo adiante. Esta é a chave para o terceiro segredo: quando duas ou mais mentes entrarem em concordância harmoniosa, esta aliança formará o que chamamos de mente mestra.

A mente mestra é a força mental criada pela soma das mentes coletivas. Se ela é positiva, constrói coisas boas; se é negativa, constrói coisas ruins. Quando alguém percebe o poder disso, é capaz de unir-se aos outros para a realização de propósitos determinados. Em Mateus 18:18, está escrito: “E eu te darei as chaves do reino dos céus; e tudo o que ligares na terra será ligado nos céus, e tudo o que desligares na terra será desligado nos céus”. O poder de ligar e desligar é dado ao homem, pois a mente mestra, em concordância, possui livre-arbítrio.

Assim, se as mentes se unem em harmonia, com propósitos elevados, são dadas as chaves do reino dos céus. Há ainda outro aspecto muito interessante: a força resultante da soma de todas as mentes pode ser usada por qualquer uma das mentes que compõem a mente mestra. Para isso, no entanto, é necessário que haja lealdade, sinceridade e integridade. É fundamental que exista sinergia (que nada mais é do que trabalho em conjunto).

Se a concórdia abre o céu e a discórdia o fecha, lá em Marcos 5:35-43, isso fica evidente. Jesus está falando, quando chegam alguns empregados da casa de Jairo e dizem a Ele: “Seu Jairo, a menina já morreu. Não aborreça mais o Mestre”. A menina era a filha de Jairo, e Jesus decide então ir até a sua casa. Chegando à casa daquele homem importante, depara-se com uma grande confusão, todos chorando e gritando, e pergunta: “Por que tanto choro e tanta confusão? A menina não morreu, ela está dormindo”.

As pessoas começam a caçoar de Jesus, então Ele manda que todos saiam. O Mestre não dá essa ordem à toa, ele o faz porque o ambiente estava negativo, contrário à fé. Pessoas descontroladas e desequilibradas estavam dominando o recinto, formando uma aliança mental negativa. Claro que o Mestre poderia curar a menina mesmo assim – há relatos e mais relatos de milagres entre os incrédulos –, mas a passagem serve para entendermos a força que ganha um pensamento ou emoção quando ele é partilhado.

Terceira lição

Pegue seu caderno de anotações e preencha essa lição de forma disciplinada.

A mente mestra pode ser aplicada à sua família, aos seus funcionários ou à sua comunidade. O sucesso de um bom time de futebol é um exemplo interessante de aonde se pode chegar por meio da coordenação harmoniosa de esforços. Grandes indústrias e redes de lojas também são resultados da aplicação desse princípio: quando muitas pessoas agem em torno de um mesmo objetivo, a tendência é que os esforços tragam resultado.

O conceito também pode ser utilizado em menor escala. Qualquer pessoa pode se beneficiar formando uma aliança harmoniosa com alguém. Viver a harmonia em família ou em casal é uma forma excelente de construir a mente mestra. Não à toa, os relacionamentos são ótimas oportunidades para o desenvolvimento espiritual. Quando esposa e marido vivem de acordo com os ensinamentos de Jesus, quando criam uma mente mestra balizada por valores éticos e morais, unem-se automaticamente a Deus. Vale lembrar Mateus 18:20: "Porque, onde estiverem dois ou três reunidos em meu nome, aí estou eu no meio deles".

Há uma lenda que ilustra bem a importância da união: um lavrador tinha sete filhos que viviam brigando entre si. Certo dia, reuniu todos eles para uma demonstração. Juntou, então, sete varas de madeira, amarrou-as em um único feixe e o estendeu para cada um dos filhos, pedindo que o quebrassem. Todos tentaram, mas ninguém conseguiu.

Em seguida, o lavrador tomou o feixe, cortou as amarras e as separou, estendendo uma vara para cada filho. Pediu, então, que as quebrassem. Todos, com extrema facilidade, quebraram suas varas ao meio. Então, o homem voltou-se para os filhos e disse: "Quando vocês trabalham juntos, em um espírito de harmonia, são como o feixe de varas: inquebráveis. Se continuarem competindo uns com os outros, na base do cada um por si, qualquer um poderá derrotá-los facilmente".

A lição contida nessa história é que o todo é sempre maior que a soma das partes. Essa é a essência do princípio da mente mestra. Isso quer dizer que, em uma mente mestra, dois mais dois não são necessariamente quatro. Dois mais dois podem chegar a doze, quarenta, duzentos ou mil, dependendo do poder pessoal e do grau de sinergia envolvida.

Para que essa sinergia aconteça, as mentes precisam, muitas vezes, ser aquecidas com discussões e debates. É natural, por certo tempo, divergir sobre ideias e planos. Os debates e o convívio honesto e sincero precisam ocorrer até que todas as pessoas que irão compor a mente mestra estejam sintonizadas. No entanto, na hora da ação, a harmonia precisa ser absoluta e com foco no propósito comum.

Aplicar o conceito da mente mestra em sua vida pode parecer difícil no início, mas o importante é dar um passo de cada vez.

1. Você já refletiu sobre quem são as pessoas mais próximas a você?
2. Quais são as suas alianças na vida pessoal e profissional?
3. Essas pessoas podem ser aliadas em seus propósitos?
4. De que forma você pode construir mentes mestras ao longo da vida?
5. Pense seriamente sobre tudo isso, mas tenha em mente que, para ter uma vida plena, a mente mestra deve estar sempre alinhada aos ensinamentos de Jesus.

Quarto segredo 4

A descrição do que contaremos a seguir consta em textos históricos da época de Jesus. A tradição oral conta que uma donzela proeminente da vila de Caná comemoraria suas bodas com uma grande festa, e muitas pessoas próximas a Jesus haviam sido convidadas. O Mestre, segundo seus amigos e seguidores, estava alegre e mais parecido consigo mesmo; exibia uma postura bem diferente da reservada e contida que havia adotado em seu batismo e durante o isolamento no deserto. Seu coração estava cheio de contentamento.

Maria, mãe de Jesus, também havia sido convidada para o casamento e sentia que a promessa do anjo Gabriel estava prestes a se cumprir. Ela queria que toda a Palestina soubesse que seu filho era o rei dos judeus e acreditava que algo aconteceria nas bodas de Caná para comprovar tal fato. Quando ela, Tiago e

Judas Zebedeu inquiriam Jesus a respeito, Ele apenas respondia sorrindo: "É melhor que eu permaneça um pouco por aqui; devo cumprir a vontade do meu Pai, que está nos céus".

No dia do casamento, por volta do meio-dia, quase mil convidados haviam chegado a Caná, mais de quatro vezes o número dos convivas listados para a festa. Era costume judaico celebrar os matrimônios às quartas-feiras, e os convites haviam sido enviados com um mês de antecedência. A festa mais parecia uma recepção pública para Jesus do que um casamento. Todos queriam cumprimentá-Lo, e o Mestre estava sendo bastante cordial. O contentamento tomou conta da multidão quando Jesus consentiu em liderar a comitiva que antecederia o casamento.

Nessa época, Jesus já estava bem consciente de sua existência humana, de sua preexistência divina e do *status* dessas duas naturezas combinadas, fundidas. Com perfeito equilíbrio, Ele era capaz de assumir tanto seu papel humano quanto as prerrogativas e os privilégios de sua natureza divina.

À medida que o dia passava, Jesus percebeu que o povo esperava que Ele fizesse algo prodigioso. Ele sentia que sua família e os seis discípulos presentes – nesta época, o time ainda não estava completo –

aguardavam que ele anunciasse apropriadamente o seu reino vindouro por meio de alguma manifestação surpreendente e sobrenatural.

O casamento prosseguiu cheio de expectativa. A cerimônia terminou e não houve nenhum gesto, nenhuma palavra do convidado de honra. Então foi sussurrado que o carpinteiro e construtor de barcos, anunciado por João como "o libertador", iria mostrar a sua força durante as festividades da noite, talvez na ceia das bodas.

Um pouco antes da ceia do casamento, Jesus reuniu os seis discípulos e disse com muita sinceridade: "Não creiais que vim a este lugar para realizar algo de prodigioso, para a gratificação dos curiosos ou para a convicção dos que duvidam. Estamos aqui mais para esperar, aguardando pela vontade do nosso Pai que está nos céus". Ao ver o Mestre em consulta com seus companheiros, Maria e outros presentes no casamento ficaram totalmente convencidos de que algo extraordinário estava para acontecer.

Durante a festa, o pai do noivo deparou-se com um problema: o vinho simplesmente acabou. Ele havia providenciado o bastante para todos os convidados listados, mas jamais havia imaginado que o casamento do filho seria transformado na esperada manifestação de Jesus como libertador divino.

Quando a ceia acabou e os convidados perambulavam pelo jardim, a mãe do noivo confidenciou a Maria que o suprimento de vinho havia acabado. Maria então disse: "Não te preocupes. Vou falar com o meu filho. Ele vai ajudar-nos". Assim, ela ousou falar com Ele, apesar de ter ouvido do Mestre que sua missão era apenas cumprir a vontade do Pai.

Durante muitos anos, Maria teve o costume de se voltar a Jesus para pedir ajuda quando tinha algum problema em seu lar, em Nazaré. Por isso, era tão natural para ela pensar n'Ele nesse momento. Jesus estava sozinho em um canto do jardim, e Sua mãe aproximou-se.

"Meu filho, eles não têm mais vinho."

"Minha mãe, que tenho eu a ver com isso?"

"Eu acredito que a Tua hora é chegada; não podes ajudar-nos?"

"De novo declaro que não vim para fazer nada nesse sentido. Por que estás ansiosa com essas questões?"

Então, desmanchando-se em lágrimas, Maria suplicou:

"Mas, meu filho, eu prometi a eles que Tu irias ajudar-nos; por favor, farás alguma coisa por mim?"

"Por que tinhas de fazer tais promessas? Em todas as coisas devemos aguardar a vontade do Pai nos céus."

Maria ficou atordoada. Enquanto permanecia imóvel diante d'Ele, o coração humano de Jesus ficou dominado de compaixão pela mulher que o tinha concebido e, inclinando-se para a frente, colocou a mão ternamente na cabeça dela, dizendo: "Espera, mãe Maria, não sofras pelas minhas palavras aparentemente duras, pois Eu já não te disse muitas vezes que vim apenas para cumprir a vontade do Pai celeste? Não a Minha vontade nem a vontade dos outros. Eu faria de bom grado o que Me pediste, se fosse da vontade do Pai celestial".

Assim que terminou a frase, o coração de Jesus reagiu de forma diferente. Maria pareceu sentir que alguma coisa estava acontecendo. Num pulo, jogou os braços em volta do pescoço de Jesus, encheu-O de beijos e correu para a sala dos serviçais, dizendo: "Fazei o que quer que o meu filho tenha pedido".

Jesus não havia dito nada, mas agora Ele compreendia que, de certa forma, havia dito – ou melhor, sentido, imaginado, desejado. No momento em que Seu coração se enterneceu, Ele automaticamente solucionou em Seu coração o problema de todos.

Maria estava muito feliz. Ela não sabia como o vinho seria produzido, mas estava confiante de que havia conseguido persuadir seu filho a afirmar a sua autoridade, a dar um passo adiante, reivindicar sua posição e exibir seu poder divino.

Ali perto havia seis grandes potes de pedra; cada um com capacidade para quase oitenta litros. Jesus disse aos empregados: "Encham de água esses potes". Quando estavam cheios, o Mestre falou: "Tirem um pouco e levem ao dirigente da festa". Os serviçais assim o fizeram e a água, então, havia se transformado em vinho. Ao provar o vinho, o mestre de cerimônias degustador chamou o noivo e disse: "O costume é servir primeiro o melhor vinho e, depois, quando os convidados já tiverem bebido o bastante, oferecer o vinho do fruto inferior, mas tu seguraste o melhor dos vinhos para o fim da festa".

Jesus estava surpreso com seu feito e só gradativamente tomou consciência do que havia acontecido. Enquanto, durante toda a festa, as pessoas esperavam que Ele fizesse algo prodigioso, o propósito d'Ele era justamente não fazer nada milagroso. Então, o Filho do Homem lembrou-se da advertência que o Espírito Santo Lhe tinha feito nas colinas. Lembrou-se de como O havia prevenido sobre a incapacidade que qualquer poder ou personalidade tinha de privá-Lo de suas prerrogativas, de seus privilégios de Criador. O Espírito Santo havia entendido que o desejo de Jesus – de conceder o vinho – não entrava em contradição com a vontade do Pai e, portanto, era possível. Assim, fez-se o vinho, exatamente da forma como é feito naturalmente, exceto que a dimensão do tempo foi transcendida e, do espaço, vieram os elementos químicos necessários.

Maria e os discípulos de Jesus ficaram jubilosos com o milagre. Pensaram que Jesus o tinha executado intencionalmente para tornar-Se público. Jesus, no entanto, não tinha a intenção de pavonear-Se com o feito e retirara-Se para um canto abrigado do jardim para pensar com seriedade por um breve momento. Então pôde refletir sobre o que havia acontecido. O Pai escolhera a transformação da água em vinho como primeiro milagre público para que a mensagem de Seu filho na Terra fosse a da transformação. A transformação é o quarto segredo de Jesus. Quando a virtude da compaixão tomou o coração do mestre em relação a Maria, ela alinhou-se à vontade do Pai e operou o milagre. A virtude e o coração sincero e compassivo abrem as portas para a verdadeira transformação espiritual e física. Ainda no jardim, Jesus lembrou-Se de que, no deserto, o Espírito

Santo havia Lhe falado que a primeira reforma deve ser íntima. Esta reforma deve alinhar o coração ao bem, o centro de si a Deus, para que a verdadeira transformação possa ocorrer.

Quarta lição

Pegue seu caderno de anotações e preencha essa lição de forma disciplinada.

1. Por que Jesus não escolheu um primeiro milagre mais impactante?
2. Ele poderia ressuscitar alguém, curar um doente terminal, fazer um paralítico andar, e todos espalhariam Seu feito imediatamente. O primeiro milagre foi o da conversão da água em vinho porque o Mestre quer de nós a nossa transformação pessoal.
3. Precisamos lembrar que nosso encontro com o Mestre depende de nós e pode acontecer em qualquer momento de nossa vida. O caminho – ou seja, os ensinamentos de Jesus – tem o poder de renovar qualquer ser humano, independentemente da idade, da profissão, de onde mora,

do passado... Tudo o que é preciso fazer é tomar posse dessa transformação. Para isso, lembre-se das virtudes, do coração sincero e puro e lhe será mostrado como prosseguir.

4. Quais as áreas chaves de resultados preciso experimentar transformações, e qual a área chave que impactará mais a minha vida?
5. O que eu preciso transformar no meu círculo íntimo para experimentar um novo despertar?

Quinto segredo 5

Em João 13:34, Jesus diz: "Um novo mandamento vos dou: que vos ameis uns aos outros como Eu vos amei". Dentre todas as leis do universo, é a lei do amor que sustenta tudo e todos e que revela a natureza de Deus. O amor é a energia que sustenta o planeta e todos os outros corpos celestes, e mais: o amor é o modelo de criação do nosso mundo.

Quando o Mestre falou sobre o amor aos Seus discípulos, Ele sabia que quem entende e vivencia o poder do amor tem o domínio completo de si mesmo e da vida. Jesus sabia do enorme desafio a ser superado pelos discípulos para atingir tamanha expansão da mente. Quando falou sobre amor, referia-se ao amor puro, sublime, não a tantos outros sentimentos com os quais as pessoas costumam confundi-lo.

A lei do amor é o quinto segredo de Jesus. Aplicá-la é o grande desafio de todos os seres que vivem na Terra. Se você acha que esse desafio é fácil, justamente por amar a sua família, os seus filhos e os seus amigos, pergunte-se se, de fato, esse amor existe a todo momento, se não faz distinções, se não julga, se não toma posse ou controla, se não busca algo em troca. É muito difícil encontrar um coração puro, desarmado, pois o amor, tal como o vivenciamos, é mais um sentimento maculado do que a energia que nos conecta verdadeiramente a Deus. O verdadeiro amor tem potência infinita, e poucas almas se permitem experimentá-lo em sua plenitude.

Albert Einstein era muito mais que um cientista; ele tinha o lado espiritual muito desenvolvido e forte intuição. Existe um texto supostamente atribuído a ele, e alguns pesquisadores acreditam que ele o teria escrito para Lieserl, sua filha. Dele ou não, a carta a seguir é um tratado filosófico profundo sobre o amor e a ciência. As palavras demonstram uma postura tocante diante da vida e de Deus e têm o poder de tocar nosso coração.

> "Quando propus a Teoria da Relatividade, muito poucos entenderam o que agora vou revelar, pois há muita incompreensão e preconceitos no mundo.

Existe uma força extremamente poderosa para a qual a ciência ainda não encontrou uma explicação formal. É uma força que inclui e governa todas as outras, existindo por trás de qualquer fenômeno que opere no universo e que ainda não foi identificada por nós. Essa força universal é o amor. Quando os cientistas estavam procurando uma teoria unificada do universo, esqueceram a mais invisível e poderosa de todas as forças. O amor é luz, dado que ilumina aquele que dá e o que recebe. O amor é gravidade, porque faz com que as pessoas se sintam atraídas umas pelas outras. O amor é potência, pois multiplica o melhor que temos, permitindo que a humanidade não se extinga em seu egoísmo cego. O amor revela e desvela. Por amor, vivemos e morremos. O amor é verdadeiramente contagioso e eternamente criativo.

O amor é Deus e Deus é amor. Esta força tudo explica e dá sentido à vida. Esta é a variável que temos ignorado por muito tempo, talvez porque o amor provoque medo, sendo o único poder no universo que o homem ainda não aprendeu a dirigir a seu favor.

Para dar visibilidade ao amor, fiz uma substituição simples na minha equação mais famosa. Se em vez de $E = mc^2$, aceitarmos que a energia para curar o mundo pode ser obtida por meio do amor multiplicado pela velocidade da luz ao quadrado (energia de cura = amor x velocidade da luz^2), chegaremos à conclusão de que o amor é a força mais poderosa que existe, porque não tem limites.

Após o fracasso da humanidade no uso e controle das outras forças do universo, que se voltaram contra nós, é urgente que nos alimentemos de outro tipo de energia. Se quisermos que a nossa espécie sobreviva, encontre sentido na vida e que o mundo seja salvo, assim como todos os seres sensíveis que nele habitam, o amor é a única e a última resposta.

Talvez ainda não estejamos preparados para fabricar uma bomba de amor, uma criação suficientemente poderosa para destruir todo o ódio, egoísmo e ganância que assolam o planeta. No entanto, cada indivíduo carrega dentro de si um pequeno, mas poderoso gerador de amor, cuja energia aguarda para ser libertada. Quando aprendermos a dar e a receber essa energia universal, provaremos que o amor tudo vence, tudo transcende e tudo pode, porque o amor é a essência da vida.

Lamento profundamente não ter sido capaz de expressar mais cedo o que vai dentro do meu cora-

> ção, algo que em toda a minha vida tem batido silenciosamente. Quem dera chegue logo o tempo em que essa compreensão do amor seja realidade na vida de todos nós."

Outros mestres após Jesus e antes de Albert Einstein replicaram a mensagem do amor, em especial Paulo, o discípulo mais culto. Mesmo sem ter conhecido Jesus durante a sua passagem na Terra, o discípulo teve o zelo de organizar cuidadosamente os conhecimentos recebidos do Mestre por meio de encontros espirituais e da visita do Espírito Santo, que recebia regularmente.

Em 1 Coríntios 13:13, Paulo descreve a lei do amor em um texto memorável, que vem sendo reescrito ao longo dos séculos na tentativa de torná-lo mais acessível a todos nós. O pregador escocês Henry Drummond, que viveu no século 19, é autor do texto a seguir, que fala dessa passagem de Paulo de uma maneira muito especial. O texto é a transcrição de uma palestra de Henry.

> "Todos nós, em algum momento, fizemos a mesma pergunta que todas as gerações fizeram: Qual é a coisa mais importante da nossa existência? Queremos empregar nossos dias da melhor maneira, pois

ninguém pode viver por nós a nossa própria vida. Então, precisamos saber: para onde devemos dirigir nossos esforços, qual o supremo objetivo a ser alcançado? A que devo dedicar minha existência?

Em 1 Coríntios 13:13, somos conduzidos aos primeiros tempos do cristianismo. A passagem diz: 'E, como vimos, permanecem a fé, a esperança e o amor, estes três. Porém, o mais importante é o amor'. Não se trata de uma opinião superficial de Paulo, autor destas linhas. Afinal de contas, no versículo 2, ele disse: 'Ainda que eu tenha tamanha fé, a ponto de transportar montes, se não tiver amor, nada serei'.

Deve ter sido muito difícil para Paulo dizer isso, pois um homem costuma recomendar aos outros aquilo que, nele, é o ponto forte. O amor não era o ponto forte de Paulo, mas, à medida que envelheceu, tornou-se mais tolerante e terno. Na juventude, sua mão esteve, inclusive, manchada de sangue, portanto é significativo que logo ele tenha falado que a maior das virtudes é o amor.

Essa carta aos coríntios não é o único documento a mostrar o amor como o *summum bonum*, o bem supremo. Todas as obras-primas do cristianismo concordam a esse respeito. Pedro disse: 'Acima de tudo, porém, tende amor intenso uns para com os outros, porque o amor cobre multidão de pecados'. João foi mais longe: 'Deus é amor'. Podemos ler, também, em outro texto de Paulo: 'O cumprimento da lei é o amor'. Por que Paulo disse isto?

Nessa época, os homens procuravam chegar ao paraíso cumprindo os dez mandamentos – e centenas de outros que tinham como base as Tábuas da Lei. Cumprir a lei era tudo. Era mais importante, inclusive, que viver. Então Cristo disse: 'Eu mostrarei a vocês uma maneira mais simples de chegar ao Pai. Se aprenderem isto, podem fazer centenas de outras coisas sem medo de ofender a Deus. Amor. Se vocês amarem, estão cumprindo a lei, mesmo que não tenham consciência disso'.

Podemos verificar por nós mesmos que esse conselho funciona. Peguemos um mandamento qualquer: 'amar a Deus sobre todas as coisas'. Eis o amor. Outro mandamento: 'não tomar o santo nome de Deus em vão'. Ousaríamos falar de forma leviana de alguém que amamos? Da mesma forma, quando uma pessoa ama, é desnecessário exigir que honre seu pai e sua mãe, ou que não mate. Para a pessoa que quer bem a seu próximo é uma ofensa exigir que não roube; afinal, como poderia roubar quem ama? Também seria supérfluo pedir que não levante falso testemunho, pois não se mente sobre quem ama. Da mesma forma, seria impossível desejar a esposa ou o marido do próximo já que, amando o semelhante, não é possível querer o que é dele.

O amor, portanto, é o cumprimento da lei. O amor é a regra que resume todas as outras regras. Ame e todo o restante lhe será perdoado. O amor é o mandamento que justifica todos os outros mandamentos. O amor é o segredo da vida.

Paulo começa a comparar o amor a outras coisas que, em seu tempo, tinham muito valor para os homens. Ele o compara com a eloquência; um dom nobre, capaz de tocar o coração e a mente dos seres humanos e estimulá-los a realizar importantes tarefas sagradas ou aventuras que vão além dos limites. Paulo refere-se aos grandes pregadores e diz: 'Ainda que eu fale as línguas dos homens e dos anjos, se não tiver amor, serei como o bronze que soa, ou como o sino que retine'.

Muitas vezes escutamos grandes ideias de transformação do mundo, mas são palavras ditas sem emoção, vazias de amor; elas não nos tocam, por mais lógicas e inteligentes que pareçam ser. Paulo compara o amor com a profecia. Compara-o à ciência, aos mistérios. Compara-o com a fé, com a caridade. Fala que tudo acaba, menos o amor.

Havendo línguas, cessarão, diz ele. Tanto quanto sabemos, já se passaram milhares de anos desde que as primeiras línguas surgiram sobre a face da Terra. Elas ajudaram o homem a se organizar, crescer e sobreviver num mundo perigoso e hostil. Onde estão essas línguas? Desapareceram. Os egípcios construíram pirâmides e gravaram sua escrita em monumentos que permanecem até hoje. Ainda existem como nação, mas sua língua original desapareceu. Considere estes exemplos da maneira que você quiser – inclusive no sentido literal.

Embora não fosse esta a principal preocupação de Paulo, podemos entender melhor o que ele estava falando. A carta aos coríntios foi escrita originalmente em grego antigo. Se formos até a Grécia com o texto original, pouquíssimas pessoas seriam capazes de decifrá-lo. Há 1500 anos, o latim dominava o mundo. Hoje não significa mais nada. Pensem nas línguas indígenas: estão desaparecendo.

Então, Paulo vai mais longe e acrescenta, com ênfase: 'havendo ciência, passará'. Onde está a ciência dos antigos? Sumiu por completo. Compramos enciclopédias de dez anos atrás por apenas alguns centavos, porque as conquistas científicas que estão em suas páginas já estão ultrapassadas.

Reparem como a carruagem puxada a cavalo foi substituída pelo carro a vapor e, depois, pelo motor a gasolina. A eletricidade, por sua vez, ameaça superar a gasolina, jogando no esquecimento centenas de invenções que apenas acabaram de nascer. Paulo nada tem contra as coisas em si; não falou mal delas. Tudo o que disse foi que elas não durariam. Eram coisas importantes, mas não eram dons supremos.

João não nos diz que o mundo está errado; diz que passará. Existem muitas coisas no mundo que são belas; coisas que nos entusiasmam e nos engrandecem, mas não vão durar. Por isso, não deixe que seu amor se prenda às coisas do mundo. Nada que o mundo contém vale a dedicação e o tempo de uma alma imortal. A alma imortal deve entregar-se a algo imortal. Então, depois de aprender tudo isso, depois que o amor penetrar em nossa vida e realizar seu belo trabalho, devemos ficar quietos e não dizer nada. O amor evita a autossatisfação. O amor não se ufana nem se ensoberbece.

Outro ingrediente é algo que pode parecer estranho e inútil neste arco do amor: a gentileza. Este é o amor entre as pessoas, o amor na sociedade. Muitas pessoas costumam dizer que a delicadeza é um sentimento supérfluo. Não é verdade: a delicadeza é o amor manifesto nas pequenas coisas. O amor não consegue ser agressivo ou inconveniente, não consegue comportar-se de maneira errada. Você pode ser a pessoa mais tímida do mundo, mais despreparada para lidar com o próximo, mas, se tiver um reservatório de amor em seu coração, sempre agirá da maneira certa.

Id opus est. Esta é a obra. O amor basta a si mesmo.

'Você procura grandes coisas em sua vida?', pergunta o profeta. Não as procure. Por quê? Porque não existe grandeza nas coisas. As coisas não podem ser maiores do que elas mesmas.

A única grandeza que existe é na entrega proporcionada pelo amor. Sei que é muito difícil não buscar uma recompensa naquilo que fazemos, mas a felicidade está em doar.

O poder da vontade não transforma o homem. O amor transforma. Este deve ser nosso objetivo no mundo: aprender a amar. O que faz do homem um grande artista, um grande escritor, um grande músico, um grande profissional? Prática. Nada mais. O crescimento espiritual aplica as mesmas leis usadas pelo corpo e pela alma. Se um homem não exercita seu braço, jamais terá músculos. Se não exercita sua alma, jamais terá fortaleza de caráter, nem ideais, nem a beleza do crescimento espiritual.

O amor não é um momento de euforia. Para construí-lo, precisamos de prática constante. O que fazia Cristo na carpintaria? Praticava. Embora perfeito, aprendia – todos nós já lemos sobre isto. E assim Ele crescia em sabedoria, para Deus e para os homens. Procure ver o mundo como um grande aprendizado de amor e não fique lutando contra aquilo que acontece em sua vida. Não reclame por precisar estar sempre atento, ser obrigado a viver em ambientes mesquinhos, cruzando com almas pouco desenvolvidas. Essa foi a maneira que Deus encontrou para você praticar.

Não se assuste com as tentações. Não se surpreenda com o fato de elas estarem sempre à sua volta e não se afastarem, apesar de tanto esforço e tanta prece. É dessa maneira que Deus trabalha sua alma. Nenhum homem se torna santo enquanto dorme.

Da mesma maneira, qualquer melhora, em qualquer sentido, requer preparação e cuidados. Se olharmos para trás, perceberemos que os melhores e mais importantes momentos da vida foram aqueles em que estava presente o espírito do amor.

Quando olhamos nosso passado – e não nos detemos nos prazeres transitórios da vida –, notamos que os momentos marcantes de nossa existência são aqueles em que vivíamos o amor, ou que, escondidos, fizemos algo de bom para alguém. Coisas às vezes tolas demais para serem contadas, mas que, por frações de segundo, nos fizeram sentir como se estivéssemos mergulhados na eternidade.

Quem é Jesus? É aquele que alimentou os pobres, vestiu os nus e visitou os doentes. Onde está Cristo? Todo aquele que receber uma criancinha em seu nome também o receberá. E quem está com Cristo? Aquele que ama."

Quinta lição

Pegue seu caderno de anotações e preencha essa lição de forma disciplinada.

Og Mandino, eminente pensador italiano que trabalhou com Napoleon Hill nos anos 1950 e 1960, nos Estados Unidos, deixou um texto maravilhoso, aplicável na vida e nos negócios, sobre este tema. O trecho aparece no livro *O maior vendedor do mundo*. Leia-o durante 30 dias, pela manhã e ao deitar-se, até ele se tornar parte de você.

> "Saudarei este dia com amor no coração, pois este é o maior segredo do êxito em todas as aventuras. Os músculos podem partir um escudo e até destruir a vida, mas apenas os poderes invisíveis do amor podem abrir os corações dos homens, e até dominar essa arte não serei mais do que um mascate na feira. Farei do amor minha maior arma e ninguém poderá defender-se de sua força. Podem opor-se ao meu raciocínio, desconfiar de meu discurso; podem desaprovar meus trajes; podem rejeitar meu rosto; e podem até suspeitar de meus negócios; contudo, meu

amor enternecerá todos os corações, comparável ao Sol cujos raios suavizam o mais frio barro.

Saudarei este dia com amor no coração. E como o farei? De hoje em diante olharei todas as coisas com amor e renascerei. Saudarei este dia com amor e terei êxito."

1. Qual será tua primeira saudação do dia?
2. Como você tem feito o teu diário de gratidão?
3. Como você externaliza teu amor?
4. Como você aplica as 5 linguagens do amor: sendo provedor, dedicando tempo de qualidade, fazendo declarações de amor, dando presentes e toque físico?
5. Como as pessoas do teu círculo íntimo sabem qual a tua linguagem principal do amor?

Sexto segredo 6

O grande filósofo e pastor protestante Huberto Rohden disse certa vez que, se toda a literatura sagrada do mundo se perdesse e sobrasse apenas o Sermão da Montanha, então nada teria sido perdido. Rohden disse isso, pois o Sermão da Montanha é a peça fundamental da comunidade do reino do céu. É a carta magna, ou seja, a constituição da governança perfeita dos homens na Terra.

Jesus tomou a palavra e disse:

> "Agora, portanto, que sois embaixadores do reino do meu Pai, vos convertestes numa classe de homens distinta e separada de todos os outros homens na Terra. Não sois apenas homens entre homens, mas sois como os cidadãos esclarecidos de uma outra Terra celeste entre as criaturas deste mundo. Não

basta viverdes como se estivésseis diante deste momento, mas doravante deveis viver como aqueles que provaram das glórias de uma vida melhor e foram enviados de volta para a Terra como embaixadores do soberano daquele mundo novo e melhor.

Lembrai-vos: do instrutor é esperado mais do que do aluno; do dono é exigido mais que do servo. Dos cidadãos do reino celeste é exigido mais do que dos cidadãos do governo terrestre. Algumas coisas que Eu vos direi podem parecer difíceis, mas vós escolhestes representar-me no mundo, como eu agora represento o Pai, e, como agentes meus na Terra, devereis comportar-vos segundo os ensinamentos e práticas que refletem os Meus ideais da vida na Terra, dos quais Eu dou o exemplo na minha vida terrestre, revelando o Pai que está nos céus.

Assim vos envio ao mundo para proclamardes a liberdade a todos os que estiverem no cativeiro espiritual, para júbilo dos prisioneiros do medo e para curardes os doentes de acordo com a vontade do Meu Pai nos céus. Quando virdes os Meus filhos em angústia, falai a eles encorajando-os, dizendo:

Felizes sejam os pobres em espírito, os humildes, pois deles são os tesouros do reino do céu.

Felizes sejam aqueles que têm fome e sede de retidão, pois serão saciados.

Felizes sejam os mansos, pois herdarão a Terra.

Felizes sejam os puros de coração, pois verão a Deus.

E, desse mesmo modo, ireis falar aos meus filhos, com estas mesmas palavras de conforto espiritual e de promessas:

Felizes sejam aqueles que pranteiam, pois serão confortados. Felizes sejam os que choram, pois receberão o espírito do júbilo.

Felizes os que forem perseguidos em nome da retidão, pois deles é o reino do céu. Sede felizes quando os homens vos insultarem e vos perseguirem e contra vós lançarem falsamente todas as formas de mal. Rejubilai-vos em plena alegria, pois grande é a vossa recompensa nos céus. Meus irmãos, Eu vos envio, pois, ao mundo; e sois o sal da Terra. Vós sois a luz do mundo. Uma cidade plantada em uma colina não pode ficar escondida. E os homens não acendem uma vela para escondê-la, mas um candeeiro, para que dê luz a todos os que estão na casa. Que a vossa luz brilhe, assim, diante dos homens, para que eles possam ver vossas boas obras e para que sejam levados a glorificar o vosso Pai que está nos céus.

Eu vos envio ao mundo para que me representeis e sejais os embaixadores do reino do Meu Pai; e, quando sairdes para proclamar as boas-novas, confiai no Pai de quem sois mensageiros. Não resistais à injustiça com a força; nem coloqueis a vossa confiança no braço da carne. Se o vosso semelhante bater na vossa face direita, dai-lhe também a outra. Estai dispostos a sofrer de injustiças mais do que a fazer cumprir a lei entre vós. Na bondade e na misericórdia, ministrai a todos os que estão na infelicidade e na necessidade.

E Eu vos digo: amai os vossos inimigos, fazei o bem àqueles que vos odeiam. Abençoai àqueles que vos amaldiçoam e orai por aqueles que se servem de vós com desprezo. E tratai aos homens do mesmo modo que acreditais que Eu os trataria.

O vosso Pai nos céus faz o sol brilhar sobre os maus, tanto quanto sobre os bons; do mesmo modo, ele envia a chuva ao justo e ao injusto. Vós sois os filhos de Deus e mesmo ainda mais; sois agora os embaixadores do Reino do meu Pai. Sede misericordiosos, como Deus é misericordioso e, no futuro eterno do Reino, vós sereis perfeitos, como o vosso Pai celeste é perfeito.

Tendes a missão de salvar os homens, não de julgá-los. Ao final da vossa vida terrena, todos deveis esperar misericórdia; e, pois, peço-vos que, durante a vossa vida mortal, demonstreis misericórdia para com todos os vossos irmãos na carne. Não cometais o erro de tentar tirar um cisco do olho do vosso irmão, quando há uma trave dentro dos vossos próprios olhos. Tendo primeiro retirado a trave do vosso próprio olho, vós podeis ver melhor para tirar o cisco do olho do irmão.

Discerni a verdade com clareza; vivei a vida de retidão com destemor e, desse modo, sereis discípulos e embaixadores do meu Pai. Ouvistes o que foi dito: 'Se um cego guia outro cego, ambos cairão no buraco'. Se quiserdes guiar outros ao Reino, deveis vós próprios caminhar na luz clara da verdade viva. Para com todos os assuntos do Reino eu vos exorto a demonstrar julgamento justo e sabedoria aguçada. Não apresenteis aos cães aquilo que é sagrado nem jogueis as vossas pérolas aos porcos, pois eles pisarão nas vossas gemas e voltar-se-ão contra vós.

Eu vos previno contra os falsos profetas que virão a vós em peles de ovelha, enquanto por dentro são como lobos devoradores. Pelos frutos vós os reconhecereis. Os homens colhem uvas dos espinheiros ou figos dos cardos? E, ainda assim, toda boa árvore dá bons frutos, mas a árvore corrupta dá um fruto malévolo. Uma boa árvore não pode produzir frutos maus; nem pode uma árvore corrupta produzir bons frutos. Toda árvore que não dá bons frutos é logo derrubada e jogada ao fogo. Para se ganhar a entrada do Reino do céu, é o motivo que conta. Meu Pai olha dentro dos corações dos homens e julga-os pelas suas aspirações interiores e suas intenções sinceras.

No grande dia do julgamento do Reino, muitos dirão a Mim: 'Nós não professamos em Vosso nome, e pelo Vosso nome não fizemos obras maravilhosas?' Contudo, serei obrigado a dizer-lhes: 'Nunca vos conheci, afastai-vos de Mim, vós que sois falsos instrutores'. E todo aquele que ouve essa instrução e sinceramente executa a sua missão de Me representar diante dos homens, do mesmo modo como Eu representei o Meu Pai para vós, terá uma entrada ampla no Meu serviço e no Reino do Pai celeste.'"

Foi a primeira vez que os discípulos ouviram Jesus falar dessa forma. Ao retornarem da montanha, todos já haviam entendido e aceitado a incumbência e a responsabilidade de serem os porta-vozes de um novo tempo. Este é o sexto segredo de Jesus: a aceitação da missão. O ser humano só é poderoso na Terra quando vive a sua missão. Vale lembrar que a missão está essencialmente conectada à essência de cada um; como falamos anteriormente, a encontrar o centro de si mesmo.

Quando Jesus falou, por meio das bem-aventuranças, sobre o que é preciso fazer para ser feliz, Ele revelou o jeito cristão de se viver e conviver. O que conduz ao Reino de Deus, interno e externo, é ligar o eu humano ao eu divino. Esta é a missão que Jesus propõe ao homem. O que aspiramos com este livro é que você dê ouvidos às lições éticas e de conduta moral que Jesus ensinou tão belamente. Aspiramos a que você aceite o convite que o Mestre fez para colocar Seus ensinamentos em prática.

Se você resolveu aceitar a missão proposta por Jesus, saiba que precisará educar-se e vigiar-se continuamente. Seu autoaprendizado deve estar voltado ao aperfeiçoamento de suas qualidades naturais e à busca do equilíbrio emocional, da paz de espírito. Tenha cuidado com as suas reações, pois a forma com que você reage a eventos rotineiros acaba, por força da repetição, a moldar o seu caráter.

Observe quando estiver excessivamente com medo, raiva, preocupação, pois, se você acalenta esses sentimentos com frequência, eles acabam por contaminar todo o ambiente à sua volta. O ambiente, inclusive, é menos importante quando pensamos na felicidade. É claro que locais agradáveis contribuem para que as pessoas se sintam felizes, mas a verdadeira felicidade é interna, relaciona-se ao estado de espírito. Neste sentido, o Sermão da Montanha é uma bênção, um manual para a prosperidade espiritual conciso e acessível. Aceite-o como missão, pratique-o dia após dia, diligentemente.

Sexta lição

Pegue seu caderno de anotações e preencha esta lição de forma disciplinada.

1. Qual o teu propósito?
2. Na vida temos um propósito e várias missões. Missão espiritual, profissional, familiar; além dessas, quais outras tens?

3. Na cadeia de valores, qual a hierarquia das tuas missões?
4. Como você tem aceitado as tuas missões durante a vida?
5. Com qual missão na vida você sente que tem sido mais negligente e como fará para corrigir isso?

Sétimo segredo 7

Em Mateus 14:22-25, há uma passagem cujo significado costuma passar despercebido. Nela, Jesus caminha sobre as águas. Muitos que leem esse trecho creem que se trata de um milagre, mas o que Jesus demonstra é a interação entre o mundo físico e o metafísico. Ele demonstra que é possível subverter leis físicas, sobretudo as newtonianas, e interferir diretamente na matéria. Mais tarde, com a evolução da física quântica, seriam criadas as bases científicas tanto para a transformação da matéria quanto para uma maior compreensão sobre ela. O físico alemão Max Planck (1858–1947) postulou que a luz tinha uma natureza dual em seu nível mais fundamental, ou seja, seria tanto uma onda quanto uma partícula. "Como algo pode ser duas coisas ao mesmo tempo e não uma ou outra?", você deve estar se perguntando. Isso é difícil de entender porque, no mundo em que vivemos, o pensamento ainda é bastante influenciado pelas leis de Newton, que propõem um planeta definido, com ações e reações padronizadas.

Ocorre que a forma de os átomos se comportarem e, consequentemente, a vida e os elementos presentes no Universo, é muito mais complexa do que poderíamos supor. Uma das chaves para entender esta nova forma de enxergar o mundo é olhar com atenção a afirmação do físico Albert Einstein sobre a equivalência massa-energia, conceito que postula que qualquer massa possui uma energia associada e vice-versa. Isso nos leva a assegurar que tudo o que está presente no Universo é uma forma de energia. Nós somos energia.

Aceitar a ideia de que a matéria é apenas uma forma de energia foi bastante difícil para o mundo acadêmico e revolucionou todos os conceitos sobre a vida e a existência. Entretanto, o que isso tem a ver com Jesus Cristo e o fato de Ele ter andado em cima da água? Para entendermos a relação, precisamos continuar a história de onde paramos.

Jesus andou em cima das águas e, quando Pedro O viu, pediu que o Mestre o chamasse ao encontro de Si. Jesus disse: “Venha”. Pedro, no entanto, ao reparar no vento, ficou com medo e começou a afundar. Então

Jesus lhe perguntou: "Homem de pequena fé, por que você duvidou?".

Um pouco mais à frente, em Mateus 17:20, Jesus esclarece: "Se tiveres fé do tamanho de uma semente de mostarda, ordenarás a estas montanhas que elas mudem de lugar e elas te obedecerão". A semente de mostarda, não o grão de mostarda, é a menor partícula visível na matéria, ou seja, se houver apenas uma semente da fé verdadeira nada é impossível (nem mesmo transformar a realidade física). Foi a fé de Jesus que fez com que Ele pudesse andar sobre as águas. Ele estava, mais uma vez, séculos à frente de seu tempo, trazendo um conceito que seria percebido e descoberto pela ciência apenas milênios depois.

A fé tem o poder de transformar a realidade física – ela é o sétimo segredo de Jesus.

Ela, sobretudo por meio da oração, tem a capacidade de interagir com a energia de todas as coisas e transformá-las. Se andarmos com fé e agirmos com fé, nossa vida sofrerá uma grande metamorfose positiva. Falando em linguagem científica, as ondas eletromagnéticas (acionadas pelo poder da fé) influirão no mundo físico.

Na carta aos Hebreus, 11:1, há uma boa descrição da fé: "É a certeza das coisas que se esperam, a convicção das coisas que não se veem". Este trecho mostra que fé é acreditar naquilo que não se vê e não naquilo que não existe, como muitos erroneamente acreditam. O discípulo Paulo também falou sobre a fé, disse que ela é a maravilha da certeza e não apenas da esperança. Na verdade, a fé atua na esperança, fortalecendo-a.

Por exemplo: temos a esperança de terminar a faculdade, de conseguir um bom emprego, ou de ter um casamento feliz. Quando essa esperança é permeada pela certeza, ela se torna fé e deixa de ser apenas uma crença vaga de que algo, um dia, poderá acontecer. Ter esperança não é apenas esperar, mas esperar com ação, mobilizando a energia que vem de dentro de nós, a energia da transformação.

Jesus ensinou aos Seus discípulos mais íntimos que viver com fé alteraria a realidade. Ele ensinou que o ser humano não é vítima de um universo predefinido – nem está preso a situações predefinidas – mas que dá forma ao mundo em que vive. Você consegue perceber o poder transformador disso? Pare para pensar nas pessoas que se sentem impotentes para mudar suas realidades. Já houve algum momento em que você se sentiu uma vítima do destino? Caso sim, desenvolva a sua fé. Ela libertará o poder que você tem dentro de si.

O autor de Hebreus avançou ainda mais quando declarou que a fé é "a convicção das coisas que se não veem". Esta frase também nos faz pensar na dimensão metafísica da fé, pois, por meio dela, podemos adentrar o mundo imaterial, espiritual. Podemos ter certeza deste mundo que não é visto, mas que é real. A fé nos leva além de nossos cinco sentidos, que só percebem como real aquilo que conseguem captar. Ela permite que tenhamos uma conexão profunda com Deus.

Sétima lição

Pegue seu caderno de anotações e preencha essa lição de forma disciplinada.

A fé pode ser desenvolvida em nossa vida diária por meio de exercícios espirituais. Um deles é declarar a palavra de Jesus, sobretudo nos momentos difíceis e desafiadores. O capítulo 11 de Hebreus, conhecido como o capítulo dos heróis da fé, mostra pessoas que enfrentaram fome, perseguições, guerras, doenças e até a morte, e todas venceram por meio da fé. A fé foi a ferramenta que essas pessoas usaram para buscar a proteção e a presença do Deus eterno.

Quando se sentir pressionado ou quando tudo estiver indo mal, em vez de reclamar ou se queixar, libere a sua fé. Diga a si mesmo, àqueles que o cercam e ao mundo espiritual que você tem plena convicção do amor e do cuidado do Pai Eterno e que a palavra Dele não pode falhar; portanto, você estará esperando pela Providência Divina. Acredite que as coisas podem melhorar e, sobretudo, nos seus sonhos. Pense que os desejos nascem porque, em algum lugar da mente ou do coração, existe a fé de que eles possam se realizar.

Muitas pessoas vão para a igreja e falam de sua dificuldade em ter fé, em acreditar plenamente. É comum ficarem angustiadas por causa disso, especialmente por terem ouvido que sem fé é impossível agradar a Deus. Para estas pessoas, lembramos o que o pensador norte-americano Napoleon Hill (1883–1970) disse em sua obra *Quem pensa enriquece*: "A fé é o estado de autossugestão consciente". Isso significa que você pode projetar aquilo que quer, imaginar-se já tendo realizado seus desejos e, assim, reunirá a fé de que precisa para realizá-los.

A fé tem a capacidade de gerar um ciclo virtuoso, fortalece. Você precisa saber que é possível invocá-la com o pensamento positivo. Ao pensar sempre o melhor para o seu futuro (e, claro, agir em prol dele), você cria uma expectativa positiva que detona o processo de vitória. É você quem escreve a história de sua vida. Ao optar por uma postura e atitude construtivas, você cresce como ser humano. Esta energia boa certamente atrairá outras pessoas que vivem na mesma sintonia e na mesma fé. Será o início de uma caminhada prodigiosa, pode acreditar.

1. Qual milagre você gostaria de ver em sua vida?
2. Qual o sonho impossível você sonhou em sua vida e deixou para trás?
3. Qual a última vez que você orou pelos teu sonho impossível?
4. Como seria a tua vida se esse sonho se materializasse? Descreva.
5. Você acredita em milagres?

Oitavo segredo 8

Conta o Livro do Gênesis que o sobrinho de Abraão, Ló, havia se mudado com a família para a cidade de Sodoma depois de muito tempo convivendo com Abraão. Ló havia saído da aldeia do patriarca por causa de desentendimentos entre os seus pastores e os de Abraão e porque ambos já não se acertavam na convivência. No entanto, Sodoma, cidade em que Ló vivia, foi atacada por Quedorlaomer e outros reis, e Ló e sua família ficaram cativos.

Mesmo o sobrinho tendo ido para a cidade do pecado por conta própria, Abraão resolveu resgatá-lo. O texto sagrado relata que o patriarca reuniu uma tropa formada por apenas 318 homens. Ainda assim, foi suficiente para derrotar cinco exércitos de cinco cidades-estado. Abraão trouxe todas as pessoas e seus bens. Foi uma grande vitória.

Ao voltar da batalha, Abraão encontrou Melquisedeque, rei de Salém e grande sacerdote. Melquisedeque era um homem incomum; no meio de uma sociedade idólatra e politeísta, acreditava e adorava um único Deus. Abraão conhecia a força e a fé do sacerdote, tendo-o como um mentor. Raras foram as vezes em que não ouviu seus conselhos e sua palavra.

Melquisedeque ofereceu pão e vinho a Abraão e resolveu abençoá-lo. Durante a bênção, o patriarca entendeu que ele e os 318 soldados haviam vencido por intervenção divina e não por seu mérito ou suas táticas militares. Aquela batalha fora vencida pelo Senhor e não pelo braço dos homens. Naquele instante, Abraão resolveu entregar 10% do despojo da batalha a Deus, reconhecendo que viera d'Ele a sua vitória. Também abriu mão do restante, já que não partira para aquela batalha com o intuito de adquirir bens, mas para resgatar seu sobrinho.

O tributo de Abraão a Deus é o oitavo segredo postulado por Jesus. Doar 10% do que se tem é praticar a semeadura. Seguindo o exemplo de Abraão, seus filhos, os membros das religiões abraâmicas e os monoteístas passaram a doar o dízimo como forma de se conectar com Deus. A lei da semente estabelece que os homens comuns devem doar àqueles que têm como missão espalhar a palavra de Deus. O homem comum semeia, e o que espalha a palavra por meio do sacerdócio o abençoa.

Quando Jesus Cristo esteve entre os homens, Ele validou a doação do dízimo (também chamado de semente, por partir da ideia de que quem semeia colhe). Sentado ao lado do ofertório do templo, observou como as pessoas, tanto as ricas quanto as pobres, traziam suas sementes. Naquele contexto, o Mestre viu uma pobre viúva doando dois denários e declarou que ela fora a maior semeadora daquele serviço de adoração. Outros trouxeram somas vultosas, mas, para Jesus, a questão não era a quantia em si. A viúva havia dado tudo o que tinha, ainda que fosse pouco. Ela era um verdadeiro exemplo de adoração.

Quem muito ama muito se libera e semeia; quem pouco ama pouco semeia.

Na vida, tudo é uma questão de semear e colher. A força do Universo funciona conforme este princípio: você colhe o que planta. O conceito de semear permeia não só o serviço de adoração, mas baliza a própria perpetuação da espécie. É a semente que multiplica a espécie. Se voltarmos ainda mais no tempo, lembraremos que o próprio Universo surgiu de uma "semente", um minúsculo ponto de energia chamado de singularidade. Esse ponto tinha dimensão menor que a cabeça de um alfinete; no entanto, foi dali que o mundo derivou, inclusive você e eu. Percebe o poder de uma semente?

Oitava lição

Pegue seu caderno de anotações e preencha essa lição de forma disciplinada.

Quando semeamos algo, sejam valores como o amor, o perdão, a esperança ou a alegria, seja dinheiro, roupas ou outros bens materiais, nós nos alinhamos ao princípio da semeadura e adquirimos crédito com o Universo. As nossas atitudes interferem e se integram ao cosmos. Já ouviu falar que o bater das asas de uma borboleta, em uma parte do mundo, pode desencadear um tufão em outra? Pois é. Se uma criança corre atrás dessa borboleta e um caminhão de gás para bruscamente a fim de não a machucar e tomba, o gás liberado na natureza pode formar uma nuvem densa, que, ao viajar pelos ares e encontrar condições climáticas adversas, ajuda a desencadear um fenômeno da natureza! Eis o nosso tufão!

Se essa lógica funciona para a borboleta e o tufão, por que não funcionaria no caso das sementes? Diante disso, perguntamos:

1. Qual tem sido a sua semeadura?
2. Você semeia alegria ou dor em sua vida?
3. Tem consciência de que a todo momento está semeando algo?
4. Você já ouviu falar de dízimo do tempo?
5. Planeje suas semeaduras, assim como você planeja (ou deveria planejar) seu orçamento. Separe um tempo por semana para fazer trabalho voluntário e ajudar os que precisam. Separe também uma parte de seus recursos para investir em quem você reconhece como seu sacerdote, assim como Abraão fez com Melquisedeque. Qual teu plano de ação para isso?

Nono segredo 9

Em Hebreus 7:17, há uma passagem que diz: "Porque ele assim testifica: Tu és sacerdote eternamente, segundo a ordem de Melquisedeque". Este trecho fala de Jesus e, embora seja bastante claro, muitos estudiosos da Bíblia ainda se surpreendem por ele guardar nosso nono segredo: Jesus pertencia a uma ordem secreta. Surpreendem-se, talvez, por não entenderem a missão e a importância de se fazer parte de uma ordem.

"Ordem" vem da palavra latina *ordo*, cujo significado é "um conjunto de pessoas à parte, que pertencem a um grupo especial de seguidores e professam um sacramento".

Lembra-se do conceito de mente mestra? Pois bem, quando há disciplina e intenção conjunta dentro de uma ordem, a mente mestra é criada. Como a mente mestra amplia e dá forças àquilo que se busca, os conhecimentos e os valores propagados pela ordem são automaticamente reforçados.

Jesus sabia da importância de pertencer a uma ordem e de seguir os princípios que a regem. A lei universal da ancestralidade é um deles e diz que só tem autoridade quem está abaixo de outra autoridade. Justamente por causa disso, o Mestre não falava em nome de Si mesmo, mas de Seu Pai. Quando ressuscitou Lázaro, disse: "Em nome de meu Pai, saia para fora". Depois, Ele comenta: "Eu poderia dizer saia, mas falei em nome de meu Pai, para que saibam que tenho autoridade sobre mim". Jesus falava em nome do Pai e exercia Sua autoridade terrena em nome de uma ordem. Que ordem era essa?

A chave para chegar à resposta é Melquisedeque, de quem falamos no capítulo anterior, que mencionava uma história de Abraão. Pois bem, Melquisedeque era um rei e sacerdote e foi citado na Bíblia apenas três vezes. Seu nome consta em Gênesis, Salmos e Hebreus. Não se fala em seu pai ou sua mãe – o livro sagrado não reporta em nenhum momento sua genealogia. Melquisedeque abençoou Abraão e, consequentemente, as três religiões abraâmicas, das quais é considerado a raiz.

Esse personagem singular é retratado mais minuciosamente no Livro dos Segredos de Enoch, que não faz parte da Bíblia Sagrada, apesar de ser citado no Livro de Judas e no Livro de Pedro. Melquisedeque era líder e sacerdote de uma ordem sediada em Salém. Alguns teólogos e pesquisadores dizem que todos os ensinamentos monoteístas do mundo derivam direta ou indiretamente das pregações de seus missionários, que saíram pelo mundo para espalhar a fé no Deus único.

Para compreendermos a ordem sacerdotal de Melquisedeque, precisamos voltar à história de Abraão. Naquela época, havia um imperador tirânico chamado Nimrod, que dominava toda a região da Babilônia. Seu raio de influência cortava as cidades de Babel, Acádia, Calné e Ereque. Ele tentou edificar Babel para chegar até os céus e espalhava o mal e a discórdia por todo lugar que passava, além de adorar muitos deuses. Por causa disso, Abraão e seu sobrinho, Ló, resolveram sair de onde estavam para evitar a influência de Nimrod. Foram em busca de uma nova nação onde pudessem adorar o Deus único.

Entre todas as cidades que conhecia, Abraão lembrou-se de Salém, que possuía reputação especial. A sabedoria e a integridade de seu rei e sacerdote, Melquisedeque, eram lendárias. Ele era conhecido pela veneração que suscitava em vizinhos e amigos; além disso, adorava o Deus único. Melquisedeque era bom e verdadeiro, ao contrário de Nimrod. Ao conhecê-lo, Abraão sentiu identificação imediata. Ele percebeu que Melquisedeque poderia auxiliá-lo e guiá-lo a um nível mais profundo de intimidade com a espiritualidade. Por isso, quando Abraão encontrou Melquisedeque depois da maior batalha da sua vida, resolveu reverenciá-lo e pedir sua bênção. Melquisedeque impôs suas mãos sobre Abraão, proferindo palavras de bênçãos sobre sua vida e sua posteridade.

"Bendito seja Abraão pelo Deus Altíssimo, o criador dos céus e da terra! E bendito seja o Deus Altíssimo que entregou os teus inimigos em tuas mãos", disse Melquisedeque. Após dizer essas palavras, entregou pão e vinho a Abraão. Primeiro, ungiu-o de bênçãos; depois, convidou-o a partilhar do simbolismo do corpo e do sangue. Foram duas cerimônias profundas e, a partir delas, Abraão passou a fazer parte da ordem de Melquisedeque.

É curioso que Melquisedeque fosse justamente o rei de Salém. Desta palavra derivam os vocábulos sacerdote, selo, sagrado e sabedoria. Além disso, Salém, segundo vários pesquisadores, não era outro lugar senão Jerusalém. Edificada sobre as colinas da Judeia, de frente para a África, para os grandes desertos asiáticos e aberta aos grandes ventos do Ocidente, Jerusalém ergue-se. As lendas judaicas dizem que do trono celeste teria caído uma safira para marcar o centro da terra de Israel. Lá seriam chamados a se reunir, a se perdoar e a se amar todos os povos da terra.

Teólogos e pesquisadores encontraram em anotações antigas, sobretudo em documentos que restaram da grande biblioteca de Alexandria, conexões históricas entre a Ordem de Melquisedeque e o cristianismo. Há também uma citação à origem dos Três Reis Magos, que seriam missionários de Melquisedeque. Alguns pesquisadores acreditam que a entrega de presentes ao Menino Jesus foi um rito de transferência de poder. Ao entregarem ouro, mirra e incenso a Jesus, os missionários teriam repetido simbolicamente o gesto de reverência de Abraão diante de Melquisedeque.

O Menino Jesus teria recebido então a transferência de autoridade e passaria a ser o grande recebedor da luz eterna. Como membro da ordem de Melquisedeque – que já fazia seu trabalho de espalhar os valores de Deus sobre a Terra –, Jesus começaria sua trajetória própria e chamaria os discípulos para serem os mensageiros da Palavra. Todos seriam agregados à Ordem de Melquisedeque.

Nona lição

Pegue seu caderno de anotações e preencha essa lição de forma disciplinada.

1. Devemos pertencer à ordem correta, que propaga os ensinamentos de Jesus. Vivemos hoje em um mundo com liberdade e democracia religiosa, em que existem milhares de igrejas e sistemas religiosos. Todos eles se ligam a um dos dois sacerdócios originais: o de Melquisedeque ou o de Nimrod. O de Melquisedeque volta-se para o Pai, para a construção e a luta pelo bem. O de Nimrod só exalta a si mesmo. Você já se fez esta pergunta: qual deles está presente onde sou filiado?
2. O sacerdócio de Melquisedeque é um tributo ao Deus eterno. Tem autoridade porque está abaixo de outra autoridade. Por isso é tão importante ter um líder religioso, alguém que possa ajudá-lo a religar-se a Deus. O tamanho do mentor diz muito do trabalho da pessoa; pode-se inclusive dizer aonde

ela chegará de acordo com seu mentor. Respeitar a hierarquia e receber o conhecimento do outro não é opressão, é proteção. Você já teve esta conversa com seus líderes?

3. Cuidado para não ser liderado por sacerdotes de Nimrod, cujo Deus é o ventre, e o culto ao ego patológico. Lembre-se dos segredos e dos ensinamentos de Jesus e busque quem os tem como alicerce e norte. Como você internamente lida com o ego, esse inimigo íntimo?
4. Quais as Ordens você conhece que não são religiosas?
5. Com qual Ordem você simpatiza e qual cobertura ela tem, mesmo que você não faça parte dela?

Décimo segredo 10

Jó foi um homem afortunado em seu tempo. Possuía riquezas materiais, filhos, posição social, saúde e era respeitado por todos em sua comunidade. Um dia, porém, o infortúnio abateu-se sobre ele. Seus filhos morreram de uma só vez, ele adquiriu uma doença grave e seus negócios faliram, deixando-o sem um centavo sequer. Naquela época, acreditava-se que a prosperidade significava favorecimento divino. Assim, quando Jó empobreceu, todos concluíram que ele havia caído em desgraça.

Elifaz lembrou-se de que Jó, quando era rico, costumava dizer aos sofredores que deveriam ser fortes. De forma irônica, disse a Jó que ele deveria fazer o que havia pregado aos outros e confiar na religião, pois o homem colhe o que semeia, portanto, de alguma forma, Jó deveria merecer aquele castigo. Disse, ainda, que não existiam homens retos aos olhos de Deus e que Jó estava sendo castigado para seu próprio bem.

Então chegou um segundo amigo, Bildade, e disse a Jó que Deus não poderia ser injusto, que os filhos de Jó deveriam ter cometido algum pecado (já que haviam falecido). Disse ainda que Jó deveria estar cometendo algum erro, do contrário não estaria em situação tão ruim. Por fim, quis tranquilizar Jó, falando-lhe: "Jó, se de fato és reto, Deus irá libertar-te das aflições. Deverias saber que o Senhor destrói apenas os homens malvados".

Jó sentia-se confuso, pois sabia que era um bom homem. Ele não entendia como Deus podia ser justo e, ao mesmo tempo, enviar-lhe tantos males. Virou-se para os amigos e lhes disse: "Por que Deus teria consideração por mim? Sou apenas um homem. Deus me fez como sou e, quando Ele se volta assim contra mim, fico indefeso. Deus teria me criado apenas para sofrer desse jeito miserável?".

Zofar, o terceiro amigo de Jó, entrou na conversa. Disse a Jó que era uma tolice ele considerar-se um homem reto, pois todas as vicissitudes mostravam que, sim, ele havia feito algo errado. Acrescentou, no entanto, que os caminhos de Deus são misteriosos e que deveria existir um propósito oculto em toda a tragédia que havia caído sobre Jó.

Depois de ouvir seus três amigos (e que amigos, não?), Jó resolveu abrir mão da ajuda deles e apelar diretamente a Deus. Pediu-lhe ajuda de forma humilde, ressaltando que era somente um homem pobre em dias e rico de complicações. O Deus que seus amigos haviam lhe mostrado lhe parecia injusto, então Jó preferiu falar a um Deus justo. Se antes ele estava em dúvida, ao buscar esse Deus imbuiu-se de fé. Este é o décimo segredo que o Mestre Jesus ensinou aos Seus discípulos e que a história de Jó ilustra tão bem: permaneça na fé, mesmo na adversidade. Deus não favorece ninguém. Ele ama tanto os pobres quanto os ricos. Embora, cedo ou tarde, os homens colhem o que plantam, nem sempre o sofrimento humano é uma punição. Quando Jó conseguiu tirar o foco do sofrimento e olhou para Deus de coração limpo, sem acusá-Lo de ser injusto, sem buscar tanto o porquê de suas tribulações, ele pôde abrir-se e encontrar verdadeiramente o Senhor. Jó acreditou que – mesmo sendo um homem comum, sofredor – poderia chegar a Deus.

Se você sofre, talvez possa se inspirar no comportamento de Jó. Não é porque sua vida é sofrida que o amor de Deus lhe será negado, ou que você não terá acesso a Sua misericórdia. Procure o Senhor dentro do seu coração para que Ele possa transformá-lo. Tenha serenidade, pois Deus não inflige sofrimentos porque deseja. Nós sofremos porque somos pecadores por natureza e porque nossa existência é imperfeita. Seu sucesso pode estar escondido em seu maior sofrimento, em sua maior dor.

Depois que Jó mudou sua atitude, ele resolveu orar pelos amigos que haviam sido tão pouco acolhedores com ele. Essa atitude gerou uma corrente tão positiva em sua vida que ele se tornou ainda mais próspero do que era antes de toda a tragédia. Chegou a ter catorze mil ovelhas, seis mil camelos e dois mil bois, o que era considerado grande fortuna na época.

Décima lição

Pegue seu caderno de anotações e preencha essa lição de forma disciplinada.

1. Em Tiago 5:11, Jesus diz: "E nós achamos que eles foram felizes por terem suportado o sofrimento com paciência. Vocês têm ouvido a respeito da paciência de Jó e sabem como no final Deus o abençoou. O Senhor é cheio de bondade e de misericórdia". Tiago refletiu sobre as palavras

do Mestre, e elas lhe permitiram compreender mais sobre o sofrimento humano e a importância da resiliência. Como você tem desenvolvido a resistência emocional em sua vida?

2. Tenha paciência e fé. Procure Deus, sobretudo quando tudo parecer perdido. Como você pode aumentar a tua paciência?
3. Antes da terra prometida, há um deserto. Tudo é cíclico; não há mal que nunca acabe. Não veja a adversidade como uma tormenta, e sim como uma oportunidade para fortalecer o seu caráter e a sua fé. Deserto não é local de morada, é local de passagem e de aprendizado. Como você tem aprendido com teus desertos?
4. Deus não abandona Seus filhos, sequer ouse pensar algo assim. Nos momentos difíceis, a voz do Senhor pode parecer ter se silenciado dentro de você, mas não porque ela tenha deixado de existir. Talvez você esteja com dificuldades para escutá-la, diante das tempestades. Acalme seu coração, tenha força. Como você acalma teu coração nas adversidades?
5. Qual a última vez que você orou pelos seus inimigos?

Décimo primeiro segredo 11

É difícil imaginar quão doloroso foi o calvário de Jesus na cruz. Pregaram Suas mãos e pés à madeira, enquanto o peso de Seu corpo envergava, causando-Lhe dor. Quando tinha sede e pedia algo para beber, davam-Lhe vinagre. Para completar, Cristo estava a apenas um metro e meio do chão e, assim, ouvia todos os impropérios que Lhe eram dirigidos.

Durante Seus últimos momentos de vida, Jesus repetiu várias passagens das Escrituras Sagradas, conhecidas por nós como Antigo Testamento. Ele proferia os Salmos, derramando sobre os presentes os princípios de conduta e as balizas de Seus ensinamentos. João Zebedeu, Judá, Rute, Maria Madalena e Rebeca estavam presentes e ouviam as palavras de Jesus, enquanto outros apenas zombavam de Sua fala.

Enquanto Jesus desfalecia, Herodes Antipas, rei da Judeia, chamou um de seus soldados e pediu que fosse até a montanha do Calvário para verificar se Cristo havia morrido. Conta a tradição oral que Herodes entregou a Longinus, soldado de sua guarda, uma lança retirada de seu acervo pessoal. Era uma arma especial. Conta-se que havia pertencido ao grande general Josué, sucessor de Moisés, o legislador da humanidade. Segundo a lenda, essa lança estava nas mãos de Josué quando, após sete dias marchando ao redor, ele soltou aquele som estranho de sua boca, e as muralhas da maior cidade fortificada do mundo antigo desabaram por inteiro, na Batalha de Jericó. Dizia-se que essa lança era sagrada e conferia poderes especiais aos seus possuidores, tendo passado pelas mãos de muitos reis. Herodes julgou apropriado que o soldado usasse essa lança para certificar-se de que Jesus estava morto.

O evangelista João registrou uma pequena parte desse episódio. Conta ele que, nas horas finais, o dia escureceu e sobreveio uma forte tempestade de areia. Os soldados e o pequeno grupo de fiéis ainda permaneciam ali. Os soldados acocoraram-se amontoados perto da cruz, para se proteger da areia cortante. De onde estavam, a mãe de João e os outros observavam a uma certa distância, abrigados por uma rocha saliente.

Então Longinus aproximou-se de Jesus, perfurou-o com a lança e uma cena inusitada aconteceu: escorreram, ao mesmo tempo, água e sangue de Jesus. Um som forte e estranho ecoou de Sua garganta. A cortina do tempo rasgou-se em dois pedaços, a terra começou a tremer, as rochas partiram-se. Os túmulos abriram-se, e muitas pessoas do povo de Deus, que haviam morrido, ressuscitaram e saíram dos túmulos.

Um pouco antes das três da tarde, Jesus disse: "Pai, nas Tuas mãos encomendo o Meu espírito" e deu o seu último suspiro. Foi uma cena tão comovente que o centurião romano responsável pela execução de Jesus bateu no peito e disse: "Este foi um homem reto; verdadeiramente deve ter sido um filho de Deus".

É importante refletir sobre a magnitude do ministério de Jesus, e ela tem a ver não só com os ensinamentos que o Mestre ministrou, mas com a forma digna com que Ele aceitou a morte. Jesus defendeu e protegeu Seus discípulos, tratou para que Sua mãe fosse cuidada, deixou tudo acertado e encaminhado antes de cumprir a parte mais dura de Sua missão: dar a vida pela salvação dos homens.

A bondade infinita do Mestre mostrou-se mais uma vez quando Ele perdoou um dos ladrões que, sendo crucificado ao Seu lado, pediu que se lembrasse dele quando entrasse no reino dos céus. Jesus respondeu-lhe: "Em verdade te digo que hoje estarás comigo no paraíso". A atitude de Jesus não foi de condenação nem de indulgência, mas de salvação por amor. Ele salva um dos ladrões e salva também toda a humanidade quando dá a Sua vida na cruz para perdoar os pecados dos homens.

A misericórdia e a bondade infinita são o décimo primeiro segredo de Jesus. Junto ao amor, elas são capazes de aniquilar os pecados e as fraquezas humanas e abrir portas para uma nova forma de viver e de se relacionar com o mundo. Precisamos lembrar que Jesus foi bondoso e misericordioso mesmo depois de tentarem Lhe impingir o mal. Ele foi alvo de injustiças, perseguições e, mesmo assim, manteve a postura bondosa e misericordiosa, mostrando a outra face, devolvendo o mal com o bem, a injustiça com o amor.

Jesus morreu de forma digna, como um hiato entre o Céu e a Terra, num símbolo de amor fraterno à humanidade. Ele fez da cruz – que era um objeto de vergonha e dor – um símbolo de honra e superação.

Décima primeira lição

Pegue seu caderno de anotações e preencha essa lição de forma disciplinada.

1. A cruz é símbolo da misericórdia, da bondade, do amor que venceu o ódio. Mesmo sofrendo, o Mestre disse: "Pai, perdoa-os, pois eles não sabem o que fazem". Essa frase demonstra uma devoção suprema, a capacidade de se doar sem limites e de perdoar o semelhante. Devemos seguir esse exemplo de Jesus e ter um olhar mais amoroso, generoso e acolhedor com os que nos cercam. Quanto você se doa?
2. Pense no sacrifício de Jesus na cruz antes de reclamar de todos os males que o afligem. Pense que Jesus usou a dor para Seu próprio crescimento, Ele não deixou que ela dizimasse Suas virtudes ou O desvirtuasse de Seus propósitos. Se você sofre algum tipo de dor – seja física ou emocional –, busque outra perspectiva. Essa dor pode ser uma oportunidade em direção à luz, ao amor, à bondade. Ela pode trazer sabedoria para a sua vida. Liste superações de dores íntimas suas.

3. Procure perdoar seus semelhantes, olhe com mais amor ainda para os seus "inimigos". Esta palavra, aliás, sequer deveria existir segundo os preceitos cristãos. Não há inimigos, apenas filhos de Deus em diferentes estágios da caminhada. Cuide para que o egoísmo não envenene a forma como se relaciona com as pessoas. Se Jesus Cristo, mesmo na cruz, pôde olhar aqueles que O aniquilavam com amor, devemos seguir Seu belo exemplo de misericórdia. Devemos valorizar o sacrifício amoroso que Ele fez por nós. Que perdão você precisa liberar em sua vida?
4. Existe alguma situação em sua vida que, em sua avaliação pessoal, parece ser impossível de perdoar?
5. Partindo da premissa de que quem não perdoa não morre feliz, como você se sentiu após perdoar alguém?

Décimo segundo segredo

12

"Ninguém segura o sol quando ele quer nascer", diz um ditado árabe. Quando tudo parecia ter chegado ao fim, eis que surge uma nova esperança: a do Deus cuidador que iria morar na Terra até que a volta de Jesus se concretizasse. Eu vou, mas vos deixarei o Consolador, disse Ele. E assim aconteceu.

Os discípulos e os seguidores de Jesus estavam reunidos no cenáculo fazia uma semana. Haviam passado cinquenta dias desde a Ressurreição do Mestre, mas ainda estava por vir uma das maiores bênçãos derramadas sobre a Terra. Os homens e as mulheres ali reunidos receberam o Espírito Santo, no que ficou conhecido como Dia de Pentecostes.

É necessário entender que essa dádiva não foi uma exclusividade dos discípulos, mas uma experiência dada a todos os que tinham uma crença sincera em Jesus. Todos os que estavam no cenáculo – mais de uma centena de homens e mulheres – receberam o Espírito Santo consolador.

As mulheres, que não costumavam ser reconhecidas como possíveis disseminadoras da Palavra, passaram a se posicionar diante de Deus na mesma condição dos homens. Ainda que os fariseus continuassem a agradecer a Deus por terem nascido judeus e homens, elas podiam exclamar que eram livres, pois na presença de Deus a liberdade é suprema.

Depois do Dia de Pentecostes ficou muito claro que a religião de Jesus era universal: estendia-se a todos os povos e a todas as raças. Seu Evangelho era inclusivo, e a essência da mensagem era de que a promessa dos judeus se estendia a todos.

Deus jamais restringiria Seu amor a somente alguns, e as palavras de Jesus deveriam ser espalhadas pelo mundo para que se cumprisse a vontade do Pai. Ao receber o Espírito Santo no cenáculo, os homens e as mulheres tornaram-se portadores e semeadores dos ensinamentos de Jesus, formando uma mente mestra poderosa para difundir os princípios cristãos. No Pentecostes, o Espírito Santo não foi recebido em uma cerimônia ritualística especial. As pessoas apenas oravam, silenciosas. Isso mostra que não é preciso estar necessariamente no templo para que o Espírito Santo se faça presente em sua vida. Não existem barreiras físicas para o Consolador. Seja no campo ou na cidade, o terceiro elemento da Trindade desce aos que O evocam para transformar vidas e chamar ao caminho de Jesus. A descida do Espírito Santo revolucionou o conceito de religião. Para receber Suas dádivas e Sua condução, não é necessária nenhuma instrução especial, apenas o desejo sincero do coração. Este é o décimo segundo segredo de Jesus. Quem deseja verdadeiramente as bênçãos do Espírito Santo é tocado por Ele, pois o Consolador não faz distinções de sexo, classe social e idade. Basta desejar ardentemente e lhe será dado.

Naquele momento, no cenáculo, os homens e as mulheres presentes começaram a ter acesso à compreensão das grandes verdades espirituais, pois o Espírito Santo age como um guia para a humanidade, uma manifestação real do Mestre Jesus na alma de cada um. Ele conduz o homem para a verdade, a expansão e o crescimento, para o progresso que se estende para a eternidade e a perfeita revelação dos preceitos divinos.

Tudo o que Jesus trouxe à humanidade em Sua vida terrena será revelado aos crentes que buscam essa realidade. O que fazia parte da natureza de Jesus também estará no homem que receber o Espírito da Verdade. Busque com seu coração, de forma verdadeira, a presença do Espírito Santo. Permita essa transformação espiritual em sua vida.

Para que a mudança seja possível, é preciso entregar-se, submeter-se ao Evangelho. Os homens e as mulheres que estavam no cenáculo se entregaram, e o Pai e o Filho deram-Se a eles por meio do Espírito Santo. Então, essas pessoas tiveram uma revelação tão profunda que perderam o seu eu, mas encontraram um amor e uma compaixão que excediam qualquer bem terrestre.

O Pentecostes é a conclamação de uma só alma e um só coração. É o chamado para que se minimizem os interesses humanos e se priorizem os interesses divinos. Enquanto o homem busca a guerra e alimenta a discórdia, o objetivo do Pai, do Filho e do Espírito Santo é unificar a humanidade por meio das verdades espirituais. Jesus, que veio à Terra para salvar os homens, torna-Se um residente dentro de cada um por meio do Espírito Santo. Se você deseja o recebimento do Espírito Santo, ore. A prece tem o poder de conduzir o coração às verdades espirituais. É por meio dela que você cria uma conexão com o Pai, portanto, ore. Quando sentiu que muito orou, ore mais ainda. Desejamos que você receba as bênçãos do Espírito Santo e pratique os doze segredos de Jesus em sua vida. Permita-se este despertar espiritual, pois você é filho de Deus e merece todas as dádivas.

Lembre-se de que as chaves ofertadas neste livro abrem portas para novas oportunidades e possibilidades em sua vida.

Décima segunda lição

Pegue seu caderno de anotações e preencha essa lição de forma disciplinada.

1. Você sabia que existe um Deus que mora aqui no nosso planeta, que é o Espírito Santo?
2. Você sabia que o Espírito Santo é o Deus que cuida dos detalhes da nossa vida aqui na Terra?
3. Quando Jesus disse "Eu vou, mas enviarei o Consolador", Ele deixou um representante legal, pois passou uma procuração ao Espírito Santo. De for-

ma que se pode conversar com o Espírito Santo como se fosse direto com Jesus. O que tens conversado Com Espírito Santo todos os dias?

4. Como você pode conversar com o Espírito Santo sobre o cotidiano e pedir para Ele resolver pequenas coisas do seu dia a dia?
5. Sabendo que as palavras são sementes, que tipo de sementes você vem plantando?

Caro buscador,

Lembre se, não existem espectadores inocentes na colisão conhecida como vida, nenhum camarote, onde possamos assistir aos festejos sem se molhar, quando os rios se chocam. Diante do inusitado, cultive a humilde, pois a humildade transforma pessoas em anjos, e o orgulho transforma anjos em demônios. Seja cauteloso. A liderança traz poder e o poder traz grandes responsabilidades. Mas agora você está revestido de 12 armas poderosas, está entronizado em conhecimentos elevados, e mesmo que passe pelo vale da sobra da morte, ande pelas noites escuras cobertas de ira e de lágrimas, pise nos desfiladeiros de ossos secos, não importa quão estreita seja a passagem, ou caminhe pelos desertos mais áridos, com esta armadura você sempre será líder de si mesmo, senhor do seu destino, capitão da sua alma, inspirando pessoas rumo à terra prometida, no seu longo caminho de volta a Deus.

Jamil Albuquerque - Robson Rodovalho

Agradecimentos

Esta é uma tarefa alegre: agradecer a todos aqueles que nos ajudaram na realização desta obra. São pessoas que respeitamos e amamos. Em primeiro lugar, agradecemos a Deus pela vida e pela permissão de escrever este livro sobre Seu Filho amado. Agradecemos também às nossas famílias, por compreenderem nossa vida de pesquisadores, sonhadores, andarilhos e pregadores. Elas nos dão, além do amor, a segurança de termos para onde voltar. A Jacob Petry, eminente escritor brasileiro com quem falei primeiro sobre este livro em nossas caminhadas pelas montanhas de Utah, nos Estados Unidos, onde passamos vários dias conversando sobre o livro da lei.

Ao pastor Evaldo Coelho, pelas primeiras conduções nos mistérios bíblicos.

Ao bispo Edgar Moreira, da Paraíba, pelas conexões.

Ao bispo Cleber Caetano, pelas leituras do livro quando ainda era apenas uma proposta inicial.

Ao economista Luiz Silva, pelo convite para a palestra que selou o encontro entre nós, autores.

Ao pastor Lucivaldo Félix, pelas consultorias. A Denise e Paulo Pellizzon, Claudio Bolonhesi, Paulo Rocha, Rhoda Serafim e Eder Fernandes, pela leitura dos originais, comentários de apoio e *feedbacks*.

À Soraia Reis, pelo apoio, pelo incentivo e por nos conectar para este trabalho lindo. À Anita Deak, que nos deu uma contribuição muito preciosa para a clareza da obra.

A Roberto Raimundo, que falou a frase célebre: "Este livro será melhor ainda se conseguirmos fazê-lo chegar às mãos do maior número de pessoas possível no Brasil".

Em especial, a Roberto Montagnana, homem sábio, ilustre pesquisador e um dos meus conselheiros, a quem devemos o inventário rigoroso de passagens para nossa pesquisa.

E a todas as pessoas que contribuíram direta ou indiretamente com esta obra, os nossos mais sinceros agradecimentos.

Robson Rodovalho e Jamil Albuquerque